翻轉學

翻轉學

翻轉學

翻轉學

自組ETF，讓我股利翻倍的存股法

忙碌理科工程師打造屬於自己的ETF，月領4萬被動收入

吳宜勳（老吳）——著

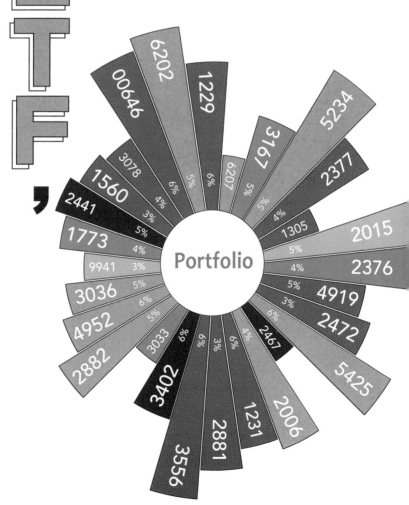

Portfolio

目 錄

目 錄

好評推薦

「時時細心照料，年年豐收生財。打造一座屬於自己的富裕花園。」

—— 股海老牛，價值投資達人

自組 ETF，讓知識與財富產生複利

—— 雷浩斯，價值投資者、財經作家

　　出版社邀請我為本書作序，我很少幫台灣的存股作家寫序，因為我寫序要符合兩個條件：1. 認同作者的理念；2. 對投資人要有幫助。這本書兩個條件都符合，因此回信允諾。

　　我沒和出版社說的是，雖然我不認識作者老吳，但是我很早就發現他經常在我的粉絲頁按讚支持，但他都是默默地支持，從來沒有蹭熱度。我非常欣賞他這點，所以也常到他的粉絲頁看文章，發現他是一個很有想法的投資人，經常整理和分享自己的投資心得。

　　「自組 ETF」是一個很棒的投資法，雖然老吳建構投資組合的方式和我相對集中型的投資法不一樣，但我在 2017 年寫過一本《雷浩斯教你矩陣式存股法年賺 18%》，這本書應該是市面上最早提出自組 ETF 概念的書，很榮幸

地，我也發現作者的書架上有這本書，如果我有參與到作者一部分的投資旅程，我會感到非常開心。

老吳持有上百檔個股，這種投資組合讓我想起股神華倫‧巴菲特（Warren Buffett）以前的同事——華特‧許羅斯（Walter Schloss）。

許羅斯操盤基金的投資組合一樣是上百檔持股，他的績效是 45 年年化報酬率 15.3％，打敗同期大盤 11.5％的績效。他不依靠外面的分析師，自己做研究；不拜訪管理階層，只靠公開資訊，並且只相信自己的分析成果。

長期打敗大盤是件不容易的事，尤其是超過 45 年，這已經無法用好運來解釋了，因為股票投資是一種厄運多過好運的行為，你不可能因為一次好運而永遠致富，卻可能因為一次厄運的打擊而殞落。那麼他為什麼可以長期打敗大盤？

在思考這個問題之前，你可以先花點時間看這本書，思考如何建構有上百檔持股的投資組合，老吳在書中說明了自組 ETF 的優點和方式，這些精采內容請讀者慢慢欣

賞，我在這邊分享一些觀點回饋：

老吳的投資組合有上百檔個股，從風險端來思考，每檔持股約 1%～ 3%，即使全虧了，也不會因為選錯股票而失敗，因為沒有任何一檔股票會讓你受到致命傷害。

從增值潛力來思考，百檔持股涵蓋二十種以上的產業別，讓投資組合帶來多樣化的增值潛力。

「多樣化」是極端分散持股才具備的優勢，你不知道未來哪幾年的股票會表現得特別好，但只要你以一個大範圍的投資組合長期持有，自然會展現出應有的增值潛力。

現金股息則帶來了現金流量，現金流量即是投資優勢，能讓你自由的決定加碼、持有或轉投資其他標的。

當自組 ETF 的股票都在相對低估的情況下買入，就具備了安全邊際。

安全邊際與現金股息使你能在股價下跌時有所緩衝，上漲時具備潛力，盤整時期有股息收入，這個簡單的模式能帶來強大的優勢，因為這就是價值投資的基本觀念──

用相對低的風險取得較高的報酬率，我們賺的就是風險調整後的報酬，這也是許羅斯和老吳所運用的方式，而且這個優勢能維持非常久。

介紹許羅斯的故事，以及推薦老吳的投資法，可以讓我們思考下一個問題——長期下來，自組 ETF 和全市場指數型 ETF 的差別在哪裡？

差別在於，自組 ETF 能讓你的知識和財富以複利的方式同步累積。

頂尖投資人享有財富、智慧和長壽，那是因為他們習慣了評估個股的風險以及對未知的領域進行思考和判斷，經過多年的淬煉，知識複利得以產生。而我能肯定自組 ETF 的投資人，在知識的複利效應下，未來的人生會精采好幾倍。

至於財富、樂趣和興奮之情，更是不在話下。

前言
打造屬於自己的 ETF，遠離大賠，也賺到錢

　　2021 年 4 月 18 日，我在臉書（Facebook）上成立了「打造屬於自己的 ETF」粉絲專頁。這個命名是以每個人都可以建立屬於自己的投資組合為出發點，在不局限於某些特定產業或個股的情況下，快樂的打造出屬於自己獨一無二的存股清單。

　　這邊必須先說明一點，此書內容提到的自組 ETF 概念，可視為自行建立「投資組合」而擁有「一籃子股票」，並非指市場上由投信公司發行，追蹤某個特定指數的 ETF。

　　研究所畢業後，我開始投資股市，大多數的交易都是賠錢出場，然而隨著不斷調整心態與方法，賠錢不再是投資的唯一結果，於是起心動念，想記錄這個轉變的過程，建立了粉絲專頁。

不限持股檔數，找到好公司就持有

建立投資組合的過程中，我也發現，自己的方式並非「大眾化」，因為大多數的投資前輩都會建議，投資股票最好不要超過 5 檔或 10 檔。

起初，我也是想依循這個建議操作，但在選股的過程中，我發現穩定賺錢的好公司，遠遠超過 10 檔，心想如果多買個幾檔，真的不行嗎？會因為「照顧」不了而賠錢嗎？於是這些懷疑驅使了我的好奇心，想進一步確認，照著自己的方法操作，到底可不可行？

我不是為了要反駁「持股不要太多檔」的說法才進行分散投資，主要是想擁有自己認同的好公司。既然如此，不如自己試著執行，不限制持股的檔數，隨著存股的時間拉長與資金不斷投入，持股的檔數也跟著越來越多。

到目前為止，我不僅沒有後悔這樣做，反而因此對於投資越來越感興趣，最重要的是遠離大賠，也賺到錢，面對股市的修正，也能處之泰然，心情不再隨著股價的高低

起伏而忐忑不安。雖然這可能不是最好的方法，卻是最適合自己的方法。

截止 2022 年 3 月 31 日收盤統計，我總共持有 160 檔股票，其中有 147 檔個股、11 檔股票型 ETF 與 2 檔債券型 ETF。

身邊的朋友都說：「你開雜貨店嗎？」其實，或許說我開百貨公司，會更貼切一些。但我不是「為了分散而分散」，打從一開始買股票，就沒有限定只能買幾檔股票，也沒有追求一定要買到幾檔股票，純粹是在投資的過程中，找到好公司，就想持有它。

有許多投資人喜歡集中火力於幾檔個股，對於該公司的股價漲跌，就會很有感，但若確定是優質公司，那當然是很棒的事，但不是每位投資人都適合這樣做。

有人喜歡像我一樣，透過分散持股來降低風險，甚至我也有遇過分散投資持有多達 200 至 300 檔的投資人。說是保守也好、怕死也罷，這沒有什麼對或錯、好或不好，投資原本就不是一道是非題，只要照著自己的方法，配合

正確的心法，相信每個人都可以找到適合自己的方式。

自 2014 年開始投資以來，我遇到許多投資方式不同的朋友，不管是單獨存某幾檔個股或買市值型 ETF 的方式，都有很優異的績效。我認為，只要是抱著長期持有的心態，無論是哪種方式，都是容易成功的方式。

彈性化操作，做自己的選股經理人

我常常被問：「為什麼要花那麼多時間，自己選個股？買市值型 ETF 就好了，不僅自動留強汰弱、手續費又低、績效也更好。」這些優點我都同意，我也認為直接買進被動式 ETF 是個很棒的方式，因此我的投資組合也包含了主題型的 ETF 與市值型的 ETF。

只不過除了這些被動式 ETF，我也想直接持有自己認定的好公司，不管是投資比例分配、投入的時間點或停損賣出的時間點，都可以更有彈性的操作，也可以檢驗自己的選股方法是否精準。

　　當然，這種主動選股的投資方法不適用於每位投資人。有些朋友一聽到要選股，就覺得既麻煩又花時間，這類型的投資人比較適合投資被動式 ETF。

　　我對選股不僅不排斥，還覺得有趣，所以就一直朝這個方向走下去，畢竟自己不是職業的投資人，或許某些做法與觀念上會與投資大師們有出入，再請多多包涵。

　　我本身是理工專業背景，研究所畢業後就從事工程師的工作，對於寫書這件事，原本看起來與自己的人生是兩條平行線，永遠不可能會有交集。

　　直到某天收到一則出版社的留言，內容是想聊聊自己對於寫書的意願。不知該說是巧合或是意外，在不對自己設限的心態下，我開始嘗試這個未曾出現在人生規劃的選項——寫書。

　　本書主要分享自己的投資心得與正確的心態，若你能因此得到一點點幫助，我會覺得很欣慰且高興。

　　投資的方法很多種，遇到不認同自己方法的也大有人

在，純屬正常，這世界正因為每個人都是獨一無二的才有趣。自己也很願意與大家交朋友，歡迎到我臉書的粉專理性交流與討論，但不會有什麼明牌，主要是分享自己的存股過程。

本書僅是分享我從大賠到穩定年領股利 50 萬元的做法與心態上的轉變，從懷疑到堅定，從想一夕致富到看清自己，希望書中的一句話或一個觀念，對大家能有幫助。

學習與聆聽投資前輩們的經驗與想法，是我持續在做的事。市場上千變萬化，不是「賺到」就是「學到」，很多時候我們以為面對的是廣大的市場，但在投資過程中，更多時候，我們面對的，其實是人性，只要心態正確了，就是成功的開始。

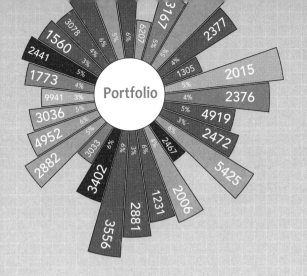

第 1 章

跳脫股市韭菜，
讓我靠股市生財

01 以小搏大的期貨，讓我一年賠掉二三十萬

我的投資過程，從大賠小賺到大賺小賠，現在回想起來，大致可分為四個階段。

在投資的路上，若有一個方法能 1 週賺到 1 萬元，那還會有誰想用 1 個月或更久的時間達到目標。大部分的人只會再繼續追求 3 天或 1 天就賺到 1 萬元的方式。

基本上，這樣的操作已經不算是投資，而是投機，不過**投機不是不好，只是投機背後的風險，往往都是遇到了才能體悟。**

當有一個方法可以一天賺到 1 萬元，就要想到也有可能一天會賠掉 1 萬元。**在越短時間累積的財富，就容易在越短時間失去，所以風險要放在賺錢的前面。**

一踏進投資股票的市場，風險就存在，而不是漲高了

或是跌破什麼價位才開始有風險，而這個風險往往會與投資人渴望賺錢的速度成正比，也就是說，當越想快速賺到錢，面臨到的風險也就越大。

美國亞馬遜（Amazon）創辦人傑夫·貝佐斯（Jeff Bezos）曾問股神華倫·巴菲特（Warren Buffett）：「你的投資理念很簡單，為什麼沒有人複製你的做法？」華倫·巴菲特回答：「因為沒有人想要慢慢變有錢。」

這句話看似淺顯易懂，但不僅知易行難，更道盡了人性。第一階段的自己，就是標準不想慢慢變有錢的散戶代表，在朋友的帶領下，懵懵懂懂開始了自己期貨交易的投資生涯。

期貨是一種預先約定未來價值的衍生性金融商品，可透過價格波動賺取價差，但不用像股票買多少就準備多少本金，期貨只需要準備一定比例的保證金就可以交易高價值的商品，因此是許多想以小搏大投資人的選擇。

期貨市場交易標的有指數類（例如加權指數、個股）和商品類（例如黃金、原油）等，一般初學者會從台指期

入手，台指期的標的對應的是台灣加權股價指數，不必煩惱要選哪一檔個股或鑽研公司的基本面，只要觀察加權指數的漲跌即可。

台指期分為「大台指期」（TX）和「小台指期」（MTX）。投資大台指期的保證金為 18 萬 4,000 元、跳動 1 點為 200 元；小台指期則是大台指期合約規格的 $\frac{1}{4}$，亦即保證金為 4 萬 6,000 元、跳動 1 點為 50 元。

因為我手上的本金不多，所以就從小台指期著手。當初的想法很天真，觀察股市以往的漲跌幅，每天指數波動少說 50 ～ 100 點，大行情來時，200、300 點的震盪都有。因此能用較少本金就能獲得槓桿的效果，且多空都容易操作，要賺錢應該不是太難的事。那時剛畢業的我心想，這正是可以快速賺錢的好工具。

對剛進股市的新手來說，就像是一種猜漲跌方向的遊戲，猜對了，依交易口數[*]的多寡，可能幾分鐘內就有數

---

[*] 「口」是期貨交易的單位。投資股票時，會以「股數」或「張數」為單位；投資期貨時，會以「口數」為單位。

千元，甚至數萬元的獲利；當然，若是猜錯，也會面臨同等的虧損。簡單來說，就是短時間內賺錢跟賠錢都相當容易，與其說是投資，更像是在賭博。

交易了幾個月，過程幾乎都是小賺大賠，大賠的原因不外乎就是一直凹單，不願意認賠停損出場，反而追補保證金，繼續加碼。為了能提高勝率，許多盤後的資料，我也一一研究，並嘗試找出其相關性。

我每天利用下班時間，使用 Excel 表格記錄一堆數據，例如三大法人交易口數、未平倉口數 * 及 Put/Call 比 † 的變化等，企圖從中找出多空的規律或蛛絲馬跡來預測隔日的漲跌。

但不知道是因為這些數據根本無法預測趨勢，還是我沒有發現其中的關聯性，大多數的交易日中，我仍然無法精準猜對方向，始終陷入「早知道就……」的後悔中。

---

* 指期貨市場中，當日收盤後所有未結清部位的總數。
† 指台指選擇權中，賣權（Put）和買權（Call）的未平倉量比率。

不僅如此，每天早上從 8:45*期貨交易開始，我的心跳就會莫名加速，隨著價位波動，心情也跟著上上下下，每分每秒都膽戰心驚，深怕一不留意就嚴重虧損甚至直接從股市中畢業，很難靜下心來面對本業的工作。

若是有留倉†，心理壓力會更大，即便是下班後或休假日，還是會一直擔心留倉部位，想著下一個交易日要如何操作，在該休息的時間卻沒有真的放鬆過，嚴重影響生活品質。

此外，為了減少交易成本，我還多次與營業員討價還價手續費，但即便如此，我發現，上班賺錢的速度，遠不及期貨虧損的速度。

最後我終於明白，想要靠操作期貨穩定獲利，幾乎是不可能。利用本金少、高槓桿的特性，企圖短時間內大賺，這種方式是投機而不是投資。我心想不能再這樣繼續下去，因此在前後賠掉了從小到大的積蓄，約 20 萬～ 30

---

* 期貨一般交易時間為營業日上午 8:45 到下午 1:45。盤後交易時間為營業日下午 3:00 到次日上午 5:00。

† 指收盤前沒有相對應的買進或賣出，仍會受到市場價格變動的影響。

萬元後，我放棄了期貨交易。

　　當時的我認為，期貨是一種「魔鬼型」的衍生性金融商品，但多年後，我才了解，期貨最一開始的設計，是用來進行避險的一種交易方式，提供商品持有者，可以轉嫁價格變動的風險。這也說明了，衍生性金融商品本身不是魔鬼，人性的貪婪才是。

02 少賠就是賺的心態，
反而大賠小賺

即使之前投資期貨賠光大部分的積蓄，但仍不減自己想發財的渴望。除了努力上班增加本金，還想靠其他方式增加收入。

聽著身邊的朋友討論股票相關的話題，例如：「某股票會漲，要快買」、「那個誰買了某公司又賺了幾萬元」於是我也開始投資股票，因此進入投資的第二階段。

與期貨相比，股票漲跌沒有槓桿的效果，風險相對較小，心理壓力也沒這麼大，至少不用每分每秒盯盤。照理來說，操作起來應該是游刃有餘。但因為習慣期貨賺賠的快節奏，對於股票交易，心裡還是有種賺太慢的想法，所以我開啟財務槓桿，使用融資交易。

股票融資的槓桿倍數為 2.5 倍，也就是買一張 10 萬元

的股票，可以跟銀行借 6 萬元，自己只需要拿出 4 萬元。有了銀行資金當「後盾」，瞬間有種資金充足的錯覺，看到買進的股票連跌二、三天，就會有「再不買就要反彈了」、「來不及抄底」的想法，於是馬上加碼攤平，但往往一攤下去，就是一段漫長的等待期，而且資金都在下跌前期就花光了。

另一種情況是，當自己選定的股票，如預期的上漲一、二天後，此時腦海中又會出現：「快加碼，已經要起飛了，再晚一步就會錯失這段漲幅。」

也因為這種想法，我會想辦法在短時間內，將可動用的資金大量投入，但多數的情況是，資金全部押注（All In）在某一檔個股後，股價就開始修正，從原本的小賺，變成套在高點。

當時買進的股票，沒在管公司賺不賺錢、基本面好不好等，不論是電視節目提到的個股或是朋友介紹的標的，只要是「跌深」的股票都很吸引我，因為自以為已經跌深了就會反彈，想趁機撿便宜，但往往結果就如大家常聽到

的那句話：「沒有最便宜，只有更便宜。」

隨著「套房」住越久，心理壓力越大，看著融資的利息每天不斷增加，心裡已經不好過了（當時利率為 6.25％），股價還持續下跌，似乎看不到回本的那一天。

以融資利率 6.25％為例，若借 100 萬元，每天的利息就是 171 元（1,000,000×6.25％÷365 天），剛開始總會安慰自己，套牢幾天而已，自己一定可以撐過去，但事與願違，成本價往往不是幾天或幾週就能漲回來。

隨著股價越往下跌，為了向下攤平也越借越多，每天早上一醒來，想到兩三百元的孳息，自己的壓力也跟著來到了臨界點。

「賣在起漲點，買在起跌點」聽起來很慘烈，卻是我在投資初期常遇到的事，由於有太多這種血淋淋的例子，這也是後來為什麼我會選擇長期持股的原因之一。

但那時候一心只想著波段操作、賺價差，而非長期持有領股息，因此當股價上漲超過自己的成本價，產生價

差，自然就會害怕再跌回去，特別是當這檔股票已套牢許久，心態上早就不再是想著要獲利，而是想只要少賠就是賺，若是能回到成本價，那就謝天謝地了。當時，我大部分的交易，都是抱持著這麼卑微的想法。

當時的交易策略是，買進後只要上漲就賣掉。通常大概賺幾千元就會受不了誘惑賣出，更別說很多時候，只求能賺到便當錢或飲料錢就好。

長期短線價差操作，通常這次賺到錢，下次就會賠回去，就這樣來來回回在股海中載浮載沉，最終看著辛苦上班賺來的錢漸漸變少，才赫然發現，**原來要在股市賺到錢或許不難，但想要長期穩定獲利，卻是一件很有挑戰性的事**。

回想當時的心態，就是一心一意想著，最好每天都可以賺錢，所以主要還是進行短線交易，只要有賺就好，管他是 3％還 5％，有漲就先賣再說；賠的時候，就是一直攤平，攤到沒錢就直接住套房，每天看電視、報紙、網路等消息，試圖找到下一支飆股。

　　不知不覺，一年過去了，回顧一年來的操作，一樣是大賠小賺，一樣是賺不到錢。我想是因為，想要快速賺大錢的心態一直都沒變。

03 看書學技術分析，卻一樣成為股市韭菜

　　第二階段投資股票約一年的時間，一樣無法獲利，但自己樂觀的心態還是深信，只要精進操作技術，就可以改善虧損的情況，於是開始買了一堆股票書，學習技術分析，認為自己只要看懂各種線圖和指標，就能有所進步，於是進入了投資的第三個階段。

　　我購買了一些技術線圖的教學書，每天下班回家就開始練習畫線，並學習相關術語，例如：MACD[*]背離、KD指標[†]、量價背離[‡]、三角收斂、箱型整理、漲跌幅滿足、假突破、破底翻、M 頭、W 底[§]、各種均線等。

---

[*] 平滑異同移動平均線。使用短期與長期移動平均線兩者的交叉狀態，來判斷股價的趨勢方向。

[†] 隨機指標。藉由比較收盤價格和股價的波動範圍，預測股價趨勢何時逆轉。

[‡] 指當股價上漲時成交量減少，下跌時成交量增大。

[§] 三角收斂、箱型整理、漲跌幅滿足、假突破、破底翻、M 頭、W 底，皆為 K 線圖的型態，可藉此判斷漲跌趨勢。

看完書後，的確讓我比較容易理解電視上股票分析師說的內容，但拿來實務操作，可能是學藝不精或不適合自己，在接下來一到二年的交易過程中，仍然是賠多賺少。

這個時期的我還是堅信，只要看對一次、重押，就可以馬上財務自由。在操作策略上，會注意短期的利多消息，配合自學的技術線型，天真的以為看了幾本書後，就能找到「短期穩定獲利」的模式，事後回過頭看，不僅浪費時間、浪費心力，還浪費錢。

印象最深刻的經驗是 2017 年群創（3481）的操作，當年群創第一季賺了 1.19 元，已比前兩年賺得還多，2015 年群創的每股盈餘（EPS）* 是 1.09，2016 年的 EPS 為 0.19，且預期該年度的 EPS 可以創下近年來的新高。

2017 年群創第一季的財報亮眼，加上 4 月～ 6 月的日線圖看起來像是 W 型 †，呈現準備上漲的走勢，在基本面與技術面雙重利多加持下，見獵心喜的我，在 2017 年 6

---

* 指公司每股可以賺多少錢，可用來衡量企業的獲利能力。公式為：稅後淨利 ÷ 流通在外股數。
† 指股價在低檔呈 W 型態，準備突破低價，反轉趨勢。

月，幾乎是賭上身家的買進，短時間內買入數十張股票。

股價在買入不久後，果然在 6 月 28 日來到了波段的高點 16.65 元，心想這次必有大行情，一定不會錯，當時的高點離成本價只賺了 1 元的價差，有鑑於之前多次賣在起漲點的經驗，這次我決定抱緊不賣。

但天不從人願，6 月 28 日後，群創的股價開始向下修正。下跌的過程，「停損」從來就沒有出現在我的操作選項中，看著帳面上是賠錢的，真的很難賣的下手。腦海裡出現的都是「不賣就不算真的賠」、「股票在手、希望無窮」等想法。

股價看似沒有盡頭的，一路跌到 2020 年 3 月，來到了歷史低點 4.85 元才止跌。在被套牢的兩年多期間，為了能向下攤平成本，不僅辦了信用貸款，也試過用股票質押貸款來增加資金，最多持有張數約 400 張。

最終在 2019 年與 2020 年，股價在 7 ～ 12 元時，分批全數賣出。帳面上看似打平，但實際上卻花費不少時間在想怎麼解套與機會成本。

　　蹉跎了兩年的時光，這又是一次震撼教育。慶幸的是，在套牢的過程中，更看清自己，學到了教訓也學到了經驗，更堅定自己未來走向存股的穩健之路。

　　雖然靠技術線圖波段操作獲利的投資人，大有人在，但最重要的「嚴守停損紀律」，我始終學不會，或許這也是人性最難克服的地方。

　　一旦遭遇套牢，不管是哪一檔股票，自己總想著低檔再加碼就可以少賠一些，甚至可以凹到賺錢，長此以往，在股票市場中，只能不斷繳學費。當投資模式仍處於賺價差的心態，缺乏紀律的我，只能一次又一次的當韭菜，任人宰割。

　　「低檔加碼」雖然也是後來自己的操作方式，但需要配合一些條件執行，後續會再針對此方式說明。不過雖然這個階段沒有賺到錢，但認識常用指標，對後期的投資仍有幫助，例如月、季線可作為股價位階高低的參考。

04 改成存股心態，才脫離賠錢的命運

　　偶然在一次瀏覽網路文章中，看到「存股」一詞，讓賠到有點懷疑人生的我，再次燃起了希望。當時的我，在前文三個階段的投資過程中，已繳了約四五十萬元的學費，對出社會不久的上班族而言，是代價不小的一堂課。雖然沉重，但至少學到了股市賺錢沒有那麼容易，要短時間致富是不可能的。

　　我開始大量閱讀與存股相關的書籍與網路文章。透過很多前輩的分享，我發現原來我一直追求的財務自由，不可能靠著幾次交易、賺數萬元或數十萬元的價差達成，但有可能靠著每年持續增加的股利完成。

　　於是我試著改變自己的投資心態，把投資股票想成是買進一間公司，不是為了等股價上漲後賣掉，而是希望跟公司一起成長，期待公司帶來的被動收入。

自己在投資的路上一路跌跌撞撞，直到開始執行存股後，才漸漸脫離賠錢的命運。

2019 年，雖然股票庫存中還有套牢已久的群創，但也正因如此，才能砥礪自己調整好心態。

準備好從「心」出發後，陸續賣出未經過基本面篩選的庫存股票，在經過多方面評估，並得到太太的支持下，選擇將資金轉換到有穩定配發股息的標的，而不是先償還利率約 2% 的信用貸款。

我知道這樣的選擇有一定的風險，與過往的操作相比，自己更該謹慎、穩健。即便如此，投資股票不可能完全不承擔風險，初期自己降低風險的方式是「分散持股」與「長期投資」。透過不同股票的組合，使整體的波動變得相對小。

這樣做可以不用再時時刻刻盯盤，也讓自己能更安心的專注於本業。或許是對自己的自信心加上幾分幸運，如今才能透過本書與大家分享自己的故事。

　　這裡不是鼓勵借貸投資，借貸投資還是需要評估各種條件再執行，內容將於第 3 章再詳述。

　　透過自己的篩選方式，2019 年陸續買了以下標的（見圖表 1-1）：

圖表 1-1　2019 年，老吳的投資標的

產業別	標的
半導體	禾瑞亞（3556）、凌通（4952）、超豐（2441）、新唐（4919）、
電子零組件	新巨（2420）、博大（8109）、鎰勝（6115）、揚博（2493）、僑威（3078）、雷科（6207）、日電貿（3090）、海韻電（6203）、志聖（2467）、高技（5439）、
電腦及週邊設備	上奇（6123）、艾訊（3088）、威強電（3022）、技嘉（2376）、微星（2377）、
電子通路	威健（3033）、大聯大（3702）
其他電子業	千附（8383）、固緯（2423）、盟立（2464）
建材營造	興富發（2542）
通信網路	立端（6245）
玻璃陶瓷	凱撒衛（1817）
航運業	嘉里大榮（2608）

（續下頁）

產業別	標的
紡織纖維	金洲（4417）、福懋（1434）
貿易百貨	詩肯（6195）
電機機械	堃霖（4527）、大量（3167）
食品工業	南僑（1702）
塑膠工業	華夏（1305）
鋼鐵工業	豐興（2015）、東和鋼鐵（2006）
金控業	中信金（2891）、國泰金（2882）
食品工業	聯華食（1231）
生技醫療	曜亞（4138）
資訊服務業	聚碩（6112）
汽車工業	大億（1521）
橡膠工業	南帝（2108）
其他	中聯資源（9930）、新保（9925）、鉅邁（8435）、信義（9940）

　　共 48 檔個股各 1 張，約投入 200 萬元。以上選股的幾個指標包含股東權益報酬率（ROE）[*]、EPS、股價與董

---

[*] 是衡量股東權益投資報酬的指標，亦即用自有資本賺錢的能力。公式為：稅後盈餘 ÷ 股東權益。

監持股比等，選股標準將於第 3 章再詳述。

截自 2022 年 1 月底，當初買的股票，僅有大億與福懋 2 檔因停損賣出，1 檔南帝停利賣出，其餘 45 檔仍持續持有中，且持有張數至少 1 張以上。

原以為開始執行存股後，投資路上就會一帆風順，但在存股初期，雖已試著調整心態，但還是不夠成熟，加上選股的條件有待修正，所以並沒有想像中順利。

在心態方面，當買進的個股不小心變成飆股後，原本平靜的內心，就會隨著股價一直上漲而開始上演天人交戰的戲碼。

有時想著：「存股就安心放著，只要是好公司就抱緊不賣，累積資產，公司獲利佳，明年的股利也有機會增加。」

有時又想：「漲那麼多，先賣一部分，低檔再接就好，不然跌下來就少賺了。」

其實賣不賣，沒有誰對誰錯，只是根據自己多次波

段操作失敗的經驗，大部分的情況都是賣出後仍繼續漲，而不是如預期般的可以賣在相對高點，所以每當遇到抉擇時，最後還是選擇抱緊不賣。

當然也有沒賣真的就跌下來的，第一次沒賺到覺得可惜，第二次、第三次後，就開始漸漸習慣這種抱過一座又一座山的模式了。

存股初期也有過「怎麼賺那麼慢？」的想法，畢竟大部分的公司一年只發一次股利，僅少數公司是半年配或季配息，所以過程中也一度「走偏」，因為心中想快速致富的火苗，仍未完全熄滅，於是開始嘗試當沖。

可能是之前操作期貨練來的心臟，從一開始一天當沖金額 100 萬元、200 萬元，到最後一天可以把額度 499 萬元[*]用完，在沒有技術能力的輔助，只靠「感覺」的操作下，幾個月內，又再次輸得一敗塗地，而且常看錯方向，卻一直苦撐到收盤前 1:24[†]才願意回補，有幾次還差點違

---

[*] 台灣法規規定，如果單日超過 500 萬元額度，需要出具相關資力證明文件。
[†] 台股收盤時間為下午 1:30，收盤前 5 分鐘（下午 1:25）為集合競價交易。

約交割。現在回想起那段日子還是心有餘悸。

這裡不是在批評當沖是偏路，只是對我而言，想短時間獲利的心態是偏的。雖然又賠了將近 20 萬元，但又上了一堂寶貴的課，也因此更堅定了自己存股的想法。

人心無法像機器一樣，說變就變，如同想一夕致富的心態，也無法在今天決定要存股後，明天就消失。自己也是跌跌撞撞經歷了 1～2 年的時間，邊存股邊調整，隨著心態越來越成熟，股價的高低變得只與買不買有關，跟賣不賣無關，且後來只追求資產的累積與每年領股息的多寡。表面上雖然看起來慢，但唯有慢慢累積出來的資產才穩健，不會暴賺又暴賠。

存股族常說的口號是「十年磨一劍」，但對還沒開始或正要開始的投資人，聽到「十年」就會有點卻步，心中難免會有疑惑「要存十年才會賺錢嗎？」其實不然，我從 2019 年開始存股到現在（2022 年）尚未達十年，卻已經開始累積財富。

投資是一輩子的事，我相信，追求被動被入大於主動

收入是每個存股族的最終目標，至於達成這個目標的具體數字（該有多少被動收入）與實際執行時間，則因人而異。

即便股市充滿不確定性，常常會打亂原本的目標計畫，但為了能督促自己不斷的學習與成長，我仍定下一個極具挑戰性的目標，並努力去實踐，即 10 年後的股利（含現金股利與股票股利）可以超過 200 萬元。

目前股利達成度已超過 25%，執行的方法如同我一直以來進行的方式，透過提升自己本業的價值與不斷精進投資績效，雙管齊下。不確定是否能如期達成目標，但不管是在人生的旅途上或在投資的道路上，我始終對未來保持樂觀。

其實，存股只怕不開始，一旦開始了就永遠不嫌晚。

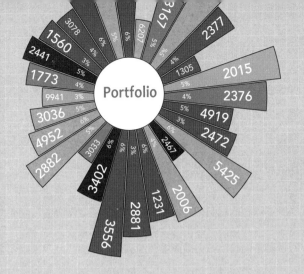

第 **2** 章

投資方法很多，
為什麼我要自組ETF？

05 打造自己的獲利投資組合

2021 年隨著大盤指數一直創新高，越來越多人投入股市，希望能跟著股市行情賺到錢，市場上也有許多不同類型的「指數股票型基金」（Exchange Traded Fund, ETF）應運而生，利用一籃子股票的方式，讓投資人不用傷腦筋選股，也能輕鬆投資。

ETF 兼具基金與股票的特點，由投信公司管理、發行、收取管理費，但能在股票市場上交易。

ETF 可分為主動式 ETF 與被動式 ETF。 主動式 ETF，主要是交由投信經理人負責操盤，以獲得打敗大盤的績效為目標，其績效好壞完全取決於經理人團隊的眼光和技巧，所以績效較不穩定，且管理費較高，以國外市場較為興盛，目前台灣沒有主動式 ETF。

台灣市場上大多為被動式 ETF，以追蹤特定商品所編

纂的指數為目標，隨追蹤指數的漲跌而波動。例如元大台灣 50（0050）的成分股是市值前 50 大的國內上市公司，追蹤的指數為台灣 50 指數。

對許多投資人而言，ETF 的好處除了不用自己選股，投信公司也會定期審查篩選標的，更新成分股，相對分散的投資組合也有助於降低風險，對於風險承受度較低的投資人，是不錯的投資工具。針對各種 ETF 的介紹可以參考許多理財達人的書籍，後文針對當初我自組 ETF 的動機與想法做說明。

從追求短期報酬，轉變為穩定領股息

每當我的腦海中浮現出快速多賺一點的念頭，行動後都落得多賠一點的下場，經歷了無數次的循環，自己的心態也不斷地被市場矯正，從一開始只想追求「短期報酬」，到後來嚮往的「穩定報酬」，或許「領股息」是個值得一試的方法。

　　既然我的目標從賺價差改為領股息，那麼穩定配息的公司，就是自己選股標準的重要指標之一。基本上，有了這個指標後，就可以排除長期沒有獲利及獲利不穩定的公司，大幅的減少存到變壁紙的機率。

　　身邊有朋友一直很擔心會買到下市的股票，以 2021 年來看，台股有 1,744 家上市櫃公司，投資人有機會挑到本業獲利不如預期的個股，也有機會買到本業獲利但業外虧損的個股，但要連續挑到二、三間會下市的股票，其實並不容易。

　　特別是在過往有良好的經營紀錄下，要在短時間倒閉，真的是很難想像，若真的遇到，只要不重押，都不會有嚴重的虧損。因此對於穩定配息的公司，可以樂觀看待，勿因噎廢食。

　　我本來就不排斥自己選股，而且越做越有興趣。當找到好公司，就先納入觀察名單，待心中的合理價位出現再購入，隨著買入的個股檔數越來越多，屬於自己的投資組合也逐步建立起來。

自己選股雖然比較靈活彈性，但還是會擔心選股風險，畢竟自己與一般投資人相同，大都不具備財經專業，與投信的研究團隊相比還是有很大的差距。但當自己篩選出的個股或投資組合產生獲利，不僅對持股更具信心，心裡也會產生愉悅和熱情，對投資股票形成正向循環。

現在我的投資模式是選好公司並長期持有，比起以前每天看技術指標或追蹤三大法人買賣超*等短線操作，獲利更穩定、更輕鬆且更有趣得多。

了解投資一定有風險固然重要，但若一味害怕風險而不敢進場，只想抱著滿手現金或把錢放定存，長期下來，不僅拖慢了累積財富的速度，也面臨了通膨的風險。

現金或定存看似帳面上的錢沒有減少，但在現實生活中，不論食、衣、住、行，各方面都可以明顯感受到，錢縮水了。以前覺得千元大鈔能買很多東西，現在買同樣的東西，卻不夠花了。

---

* 當日股票買進數量、金額超過賣出的數量、金額，則稱為「買超」，代表對趨勢看漲；反之，則稱為「賣超」。代表對趨勢看跌。

　　2021 年，通膨已成為全球關注的議題，行政院主計總處於 2021 年 11 月 26 日的國民所得統計評審委員會中，將 2021 年全年的消費者物價指數（CPI）年增率上修至 1.98%，2022 年 1 月的 CPI 年增率較去年同期漲了 2.84%。顯示通膨的壓力不小。

　　採取定存或活存等相對保守的理財方式，即便帳面上沒有虧損，但若整體的投資報酬率沒有超過 CPI 年增率，等於錢正默默被吃掉。投資一定有風險，但長期下來，不投資才是最大的風險。

　　不可否認，投資股票的風險比定存、儲蓄險或債券來得高。面對不可測的非系統性風險 * 時，就可以透過分散持股種類，將風險降至最低。因為個股可能會受到產業環境影響，或公司內部問題等因素，使股價下跌，如果手中持股涵蓋不同領域，即使單一個股發生危機，因為占比有限，虧損情況也不至於太嚴重。

---

* 指個股風險。例如因公司本身因素而產生股價波動。

分批買進、分散持有，重視風險才能投資常勝

投資股票的最終目標是獲利，但若想在股市中常勝、屹立不搖，控制風險反而要看得比獲利還重要，因為人類的天性會持續地追求進步，科技也不斷在更新，長期來看，可預期股市將往正向發展，所以只要一直留在市場，就可以期待享受到經濟發展所帶來的市場成長。

另一個有效降低風險的方式，就是減少成本。要降低持股的成本，除了長期持股參加配息，也能透過買比成本還要低的價位，「攤平」成本。同樣是攤平，長期持有與波段操作產生的結果，卻大不相同。

但攤平必須有條件進行，例如設定一定比例、觀察標的基本面，否則反而會提高風險、受到重傷。要時時刻刻提醒自己可以「攤」，但不能「貪」。

當遇到系統性風險*，例如天災、戰爭或經濟週期循

---

* 指整體市場、大盤發生風險。例如天災、戰爭、疫情等因素。

環等因素，就需要透過資產配置＊來降低風險，這又是另一門學問，這邊就不多加討論，但若真的發生了，照歷史的經驗來看，都是不錯的投資點。

本章指出的降低風險，都是指降低非系統性風險，即個股超出預期的震盪起伏。這種風險可以透過分散投資來降低發生時受到的傷害。

這裡需要聲明一件事，我自組 ETF 的初衷，並不是要跟大盤或是投信發行的被動式 ETF 績效相比，而是試圖找出最適合自己的投資方式。若硬要與某個標的的績效比較，其實很難客觀評價，因為不論是統計時間的長短或統計的區間（起訖日），都可能會有不一樣的結果。所以跟自己比就好。

不是每種 ETF 都適合存股

一般投資人印象中，買入 ETF 等於是買入一籃子的股

＊ 指將資產做分配，投資不同資產類別，例如股票、債券、房地產等。

票,可以分散風險,是最簡單又安心的存股法,但這僅限於股票型 ETF。

不是每種 ETF 都適合長期持有,若想把 ETF 當作存股標的,就必須慎選。

ETF 的種類依其追蹤商品的差異,大致可分為五類,分別是槓桿型、反向型、股票型、債券型、商品型。

槓桿型與反向型 ETF

其中槓桿型與反向型不適合長期持有,主要是因為內扣成本相較於一般原型 ETF 高,持有越久,對獲利侵蝕的程度越高。

例如 2021 年,元大台灣 50(0050)的內扣費用為 0.46%,而元大台灣 50 反 1(00632R)的內扣費用為 1.17%,元大台灣 50 正 2(00631L)的內扣費用更是高達 1.27%,後兩項 ETF 的內扣費用分別是 0050 的 2.54 倍與 2.76 倍。

　　我也曾想靠槓桿型 ETF 來快速增加獲利，但在幾次沒有紀律的操作下，最終都徒勞無功。此外，在帶有情緒的狀態下，我也曾抱持「我就不相信還會漲」或「早晚一定會崩盤」的想法，一股腦兒大量買進反向型 ETF，讓自己賠過不少錢。

　　也因為有以上的經驗，目前自己不再碰這兩類產品了。因了解要從股票市場中獲利，對小散戶而言，「時間」才是最好的朋友，而需要短期操作的產品，沒有了時間的保護，獲利難度相對高，較適合專業的投資人。

商品型 ETF

　　商品型的 ETF（原物料相關）包含農產品、基本金屬、貴金屬、能源與牲畜等類型，因為此類商品 ETF 不是直接以實物交割，而是買賣一種商品的契約，屬於期貨型 ETF。

　　在原物料不穩定或通膨劇烈的環境下，商品型 ETF 可以用來當作一種避險的工具，因為此類型 ETF 的走勢與供

需息息相關，大多是上下循環的週期。以長期持有的角度來看，較難期待與持有好公司一樣，具備長期成長的趨勢。

債券型 ETF

債券型 ETF 是追蹤債券指數表現的 ETF，等於分散買入不同標的的債券，在投資組合中，加入債券型 ETF 的配置，可降低其波動率。多頭時期，股市大漲時，債券往往就是拖累績效的一環，但當股市大跌時，債券往往可以發揮抗跌甚至上漲的功能。

股票在上漲時，許多人容易只看到高報酬的那一面，而忽略風險的存在，當黑天鵝無預警來臨時，幾乎會讓每個人措手不及。長期留在市場的投資人，不需要去預測何時會崩盤，因為想要完全避開風險是非常困難的，不如想著如何降低風險。

對於可承受風險相對低且股票市值較高的投資人，我建議可以配置一些債券 ETF，讓自己的股票資產在多頭轉空頭時，受到一些保護。至於股票與債券兩者間的比例，

已有許多專家提出他們的看法，有興趣的投資人，上網搜尋「股債配置」，就可以找到很多相關的策略。

就我而言，則是用每次大盤下殺時，自己的心理狀態來評估，若是有恐慌的感覺，就代表自己的債券比例需要再拉高一些；反之，就代表現狀的配置適合自己。

債券型 ETF 的另一項優點是，可以提供穩定的現金流，在台灣有分月配、季配與半年配的標的，投資人可以依自己的喜好選擇。

股票型 ETF

最後是股票型 ETF，在台灣發行的股票型 ETF，可概略分為市值型與主題型，市值型就是以公司的市值為依歸，當公司成長到符合標準就納入；反之，衰退到不符合標準就刪除，為完全被動式的操作，適合新手定期定額並長期持有，例如元大台灣 50（0050）、富邦台 50（006208）。

主題型的 ETF 就很多元，大致可分為高股息、半導

體、高科技、生技醫療、ESG*等，近年來各式各樣的產品陸續推出，相關的介紹也不在少數，這裡就不再細說。因其追蹤的指數在編纂過程中，或多或少都加入了一些主動選股的概念，此類型 ETF 整體的走勢不一定會與大盤有正相關，而是與該主題的未來發展性息息相關。

每個人可以依照自己看好的趨勢進行投資，雖然 ETF 具備分散標的與分散風險的優點，但還是不建議重押持股成分過度集中單一產業的主題型 ETF，以免趨勢反轉時遭受重傷。

除了購買時的溢價†問題，ETF 的內扣費用也是長期持有的投資人該注意的事，若只打算持有 1、2 年或許影響有限，但若想持有 10 年甚至 20 年以上，內扣費用的比率，也是影響獲利的重要因素。

以下整理近 1 年相對熱門的 ETF 內扣費用，此費用包

---

* 為 3 個英文字的縮寫：環境保護（Environment）、社會責任（Social）和公司治理（Governance）的縮寫。是一種用作評估企業的新指標，著重企業的社會責任。
† 指市價高於淨值。

含了管理費、經理費與其他支出等，供投資人參考（見圖表 2-1）。

圖表 2-1　近年熱門 ETF 內扣費用一覽

項次	代號	證券名稱	市值（億元）	內扣費用	計算時間
1	0050	元大台灣 50	2148.75	0.46%	2021 全年
2	0056	元大高股息	1189.36	0.74%	2021 全年
3	00878	國泰永續高股息	577.55	0.57%	2021 全年
4	00632R	元大台灣 50 反 1	525.94	1.17%	2021 全年
5	00881	國泰台灣 5G+	442.19	0.83%	2021 全年
6	00893	國泰智能電動車	305.58	0.91%	（2021/6 ～ 2022/2）9 個月
7	00900	富邦特選高股息 30	297.48	0.18%	（2021/12 ～ 2022/2）3 個月
8	006208	富邦台 50	274.78	0.35%	2021 全年
9	00882	中信中國高股息	262.42	1.66%	2021 全年
10	00637L	元大滬深 300 正 2	254.54	1.88%	2021 全年
11	00891	中信關鍵半導體	162.45	0.78%	（2021/5 ～ 2022/2）10 個月
12	00830	國泰費城半導體	154.20	1.01%	2021 全年
13	00692	富邦公司治理	143.83	0.35%	2021 全年
14	00885	富邦越南	142.91	1.47%	2021 全年
15	00631L	元大台灣 50 正 2	122.56	1.27%	2021 全年

（續下頁）

項次	代號	證券名稱	市值 （億元）	內扣費用	計算時間
16	00850	元大臺灣 ESG 永續	115.90	0.46%	2021 全年
17	00633L	富邦上證正 2	110.31	1.86%	2021 全年
18	00646	元大 S&P500	106.33	0.61%	2021 全年
19	00757	統一 FANG+	105.37	1.18%	2021 全年
20	00713	元大台灣高息低波	98.00	1.11%	2021 全年
21	00701	國泰股利精選 30	91.30	0.75%	2021 全年
22	00902	中信電池及儲能	88.44	0.21	（2022/1～ 2022/2） 2 個月
23	00895	富邦未來車	85.58	0.97%	（2021/8～ 2022/2） 7 個月
24	00892	富邦台灣半導體	85.01	0.58%	2021 全年
25	00876	元大未來關鍵科技	75.44	1.32%	2021 全年
26	0052	富邦科技	75.03	0.57%	2021 全年
27	00712	FH 富時不動產	74.83	0.60%	2021 全年
28	00888	永豐台灣 ESG	71.60	0.72%	（2021/3～ 2022/2） 12 個月
29	00662	富邦 NASDAQ	68.77	0.81%	2021 全年
30	00861	元大全球未來通訊	62.97	1.28%	2021 全年
31	00752	中信中國 50	57.85	1.56%	2021 全年
32	00896	中信綠能及電動車	55.56	0.46%	（2021/9～ 2022/2） 6 個月
33	00903	富邦元宇宙	50.01	0.24%	（2022/1～ 2022/2） 2 個月

市值以 2022/4/1 為準

　　由前述熱門的 ETF 可明顯看出，反 1 與正 2 的內扣費用相對高出許多，持有越久越不利，其次是追蹤的指數編纂含有國外的成分股，大部分也都會略高於單純追蹤國內公司的費用。

　　以美股而言，若不想支付國內高額的 ETF 內扣成本，另有複委託＊與直接開美股券商等選項，整體各有優缺點，例如複委託的購買金額有最低消費的限制才會划算，而美股券商需注意匯差與電匯費用。

　　我認為，雖然國內追蹤國外標的的 ETF 內扣費用相對高，但若沒有興趣使用另外兩個方法，可以試著先持有一段時間，看看績效，原則上若不占自己的投資組合比例太高，也是一種將股票資產分散到不同國家的方法。

　　此外許多投資人會認為沒有配發股息的 ETF，就不適合買進，或許對於需要較充足現金流的退休人士確實如此。

　　我的自組 ETF 中，雖然有八成以上的持股是有配息，

＊ 即受託買賣外國有價證券業務。

但對於沒有配息的標的，只要是趨勢向上或未來看好，還是會嘗試持有，畢竟目前還在工作，每個月仍會有固定的現金流，若因沒有配息而錯過長線可能會有大波段成長的標的，等於錯過了幫助資產成長的好機會。

自組 ETF 的優點

標的可以自己選

這個優勢的前提是投資人不排斥自己選股。市面上股票型 ETF，都必須完全接受指數追蹤的成分股與權重。

舉例來說，投資人熟悉的元大高股息基金（0056），每半年就會調整一次成分股。成分股須通過三項篩選標準：市值、公眾流通量與流動性，再進行預測現金股利殖利率的排序（詳情請參考公開說明書），主要是以高殖利率為訴求。

0056 在 2021 年 6 月的調整，新納入了 5 檔個股：友

達（2409）、群創（3481）、長榮（2603）、南帝（2108）、
超豐（2441），其中友達、群創與長榮這 3 檔股票，就近
5 年的獲利穩定度而言，對某些人來說，較不適合當長期
存股的標的，當時也因此引起一些討論，但這是 0056 的
遊戲規則，想買的投資人就必須全盤接受。

在 2021 年 12 月 3 日公布的下半年度的調整，0056 新
增了裕民（2606）、中鴻（2014）、聯詠（3034）、中鋼
（2002）、聯強（2347），同樣以近 5 年獲利穩定度來看，
5 檔個股中，裕民與中鴻也不算是長期存股的首選。

0050 追蹤的台灣 50 指數，成分股篩選同樣須先滿足
依市值、公眾流通量與流動性之標準，且主要是以上市公
司的市值為訴求（詳情請參考公開說明書）。2021 年 11
月 30 日公布的持股明細中，包含面板雙虎友達、群創，
以及貨櫃三雄長榮、萬海（2615）和陽明（2609）。

這些個股不是不好，靠著這些個股在上漲波段賺到
錢的也是大有人在，只是基於長期持有的立場，若自己有
選擇的話，以上不適合的標的，就不會優先買進，而自組

ETF 的優勢就是自己有選擇權。

不會錯過中小型績優股

　　一般市面上投信公司發行的 ETF，其成分股篩選會擔心個股的流動性不佳，即交易量過小，大量買進或賣出時，都會嚴重的影響到價格，所以通常都會篩選市值或是交易量大的個股作為成分股，吸引投資人的信心。

　　但我的篩選標準，並不會特別限制市值量大或交易量大的個股，主要是因為兩個因素：

1. 長期持有：以長期持有為目的，通常不會在短時間內大量買進或賣出，所以即使成交量一天數十張甚至是數張，也不用擔心流動性不足，且只要有耐心，一定可以買到自己理想的價位。
2. 分散投資：依自己的資金分散投資，不會集中於單一個股，所以萬一當公司真的出現長久性的獲利衰退，要賣出也不至於難脫手。

　　反觀大部分的被動式 ETF 成分股，限制市值或成交

量，反而會錯過績優的中小型股。此外，每檔 ETF 都有各自的篩選原則，投資人必須全盤接受其定義，而自組 ETF 則保有彈性空間，可以選自己看好的標的、配置各成分股的比例。

分批買進，降低風險

如同前文提到的，在股票市場中，想要降低風險，除了分散持股，還可以分批買進。

我是屬於錢比較難留在銀行帳戶裡的人，除了每個月的主動收入會再投入股市，當有其他可運用的資金入袋，例如獎金、年終、股息或股票出借費用，就會開始找標的買進。所以我不會一次買進後就不再投入資金，而是會利用手邊資金，分批買進。

一般投資人也可以按照自己的選股標準，等待時機分批買進。

比例可以自己調整，判斷股票何時加碼

股票型 ETF 有其持股比例的規則，0050 在 2021 年 11 月 30 日公布的持股明細中，台積電（2330）占比達 47.89 ％，等於一檔股票占了近一半的權重。這並沒有好與壞的區別，只是在分散風險的考量上，分散程度較不足，就會承受相對高的風險。

自組 ETF，可以依持有的檔數不同，彈性設定每檔最高占比，例如 3 ％、5 ％或 10 ％。此外，也可以設定每檔股票可以承受風險的成本比例，針對跌深或是負報酬的個股，進行逢低布局或加碼。管控風險的要點如下：

1. 限制單一個股的占比

假設目前持有檔數超過 100 檔，設定單一檔投資成本比例，要小於總投入資金的 3 ％，這個百分比因人而異，端看自己可以承受的風險範圍。

舉例來說，雖然投資的公司都是自己篩選過、認為穩定的標的，但公司還是有可能發生無法預期的變數，如天

災或人為因素等，雖然一夕倒閉的機率極低，但若做好資金比例控管，依 3％的投資比例來看，假設總投入資金是100 萬元，就會有 3 萬元蒸發，若投入 1,000 萬元，就是30 萬元消失。按照這個概念，視自己可以承受多少損失來決定單一個股的占比。

在沒有建立此觀念前，自己跟許多投資人一樣，常看到標的低於成本價後，又下跌了二、三天，就產生「再不買，就要漲回來」的錯覺，一股腦短時間全押（All In）。

有了占比限制條件後，就會了解自己的資金是有限的，要將步調放慢，不該整天想著要抄底，因為沒有人可以保證哪裡才是底部，股票市場在下殺時，往往便宜之後，還有更便宜。

即使事後回頭看，因為放慢購買腳步而錯過了股價底部，表面看是錯過了擁有較低成本的機會，但從另一個角度來看，是學到了一次風險控管的經驗。寧願少賺，也不要將自己的投資暴露於高風險中而不自知。

2. 基本面看好，才攤平

　　我的方式是，若該個股已經連續兩季虧損，就必須先停、看、聽。可以暫停買進或是將原本設定的 3％ 比例降低為 2％，控管風險以防傷害擴大，同時將該個股列為注意名單。至於賣出的時間點，會在後文詳述。

　　此外，攤平是基於長期投資的條件下進行，不要想著今天買，明天或下週就會回到成本價，應該要想著用相對低的成本來累積資產，並且等待明年的配息。

隨時新增或刪除個股

　　當發現自己挑選的個股持有幾季後，財報表現不如預期，即獲利能力變差，透過 EPS、ROE 或毛利率等指標進行評估後，可以在任一個交易日進行換股。一般股票指數型 ETF，都是季度或半年度調整一次，反映時間較慢。

　　而自己庫存中的個股，可以判斷時機隨時調整，以山林水（8473）為例，我在 2019 年，一開始選股方法，僅以股利為導向，觀察到該公司從 2014 年～ 2017 年，現金

股利都有 3 元以上，故以長期持有為目的買進。

到了 2021 年 3 月 23 日，山林水公布 2020 年的 EPS 為 1.15 元，由於已持有超過 1 年以上的時間，帳面上仍然虧損約 15%，績效相較同期買進的其他公司大幅落後，故仔細了解各項指標的變化，得知此公司獲利從 2016 年起，已連續衰退 4 年，包含 ROE、毛利率與營益率皆是如此（見圖表 2-2）。

圖表 2-2　山林水 2014 年～ 2020 年財報

年度	ROE	EPS	毛利率	營益率	現金股利
2014	7.9	2.83	40.2%	32.4%	3.60
2015	7.9	3.03	45.8%	38.9%	3.00
2016	10.2%	3.95	38.9%	33.3%	3.20
2017	7.7%	3.12	29.5%	24.3%	3.00
2018	7.2%	2.78	22.0%	17.5%	2.56
2019	5.9%	2.25	20.9%	15.9%	2.00
2020	3.7%	1.15	17.1%	12.5%	-

我就選擇在年報公布後的當週，將手中的持股停損，畢竟由這數年的指標可看出明顯的衰退趨勢。賣出的價格

為 40.7 元，以當時來看已是相對低點，但結至 2022 年 3 月份，股價已剩 31 元左右。

這裡並不是要唱衰或是鼓勵放空，而是單純以客觀的數字來評估公司的營運情況。當然我們無法預測，該公司未來的發展，僅能就當下的狀態來評估是否該繼續持有。

對於更換手中的持股，自己喜歡用年度或是季度所公布的數字來判斷，缺點是等到衰退的數字公布出來後，通常股價都已經有一段跌幅了，但優點是拉長時間來看，短期一、二季的營運並不代表長期的發展，看太短容易錯殺好公司，而錯過相對大的報酬。

有股東會紀念品

同樣是持有一籃子的股票，自組 ETF 可以執行股東的權利與義務，並且可以領很多股東會紀念品，獲得小確幸。

但這當然不是自組 ETF 的主要目的，只能算是額外的獎勵。每次收到開會通知書，開獎多樣化的股東會紀念品

也是一種樂趣，許多精緻小物還可送禮自用兩相宜。例如超商卡、清潔用品、杯碗器具等，每年收到紀念品都有買到驚喜包的感覺。當持有越多不同個股就會越有感，這也是被動式 ETF 沒有的福利。

雖然獲得許多紀念品很不錯，但還是建議投資人選擇優質的公司為存股標的，紀念品只是額外的附屬品。

股利分散於不同月份

由於每間公司的股利發放時間不同，所以分散持股時，也有機會在不同月份領到股利，等於這些月份都會有一筆能活用的資金。

一般台股主要發放股利的時間集中在 7 月～ 9 月，因我的持股較分散，在這三個月中，幾乎每週都會有股利進帳。此外，在不刻意挑選被動型季配息 ETF 的情況下，我的股息更分散至 4 月～ 11 月，等於一年之中，有 8 個月的時間，都會有本業以外的現金流可以運用。

通常我都會將資金再投入市場，這種股利接龍的發放

方式，對我的投資相當有幫助，有點算半強迫性的分批進場，也避免自己把成本建立的太集中，而增加風險。

容易把股票借出去

對長期投資者而言，出借證券是一個非常值得了解與使用的工具。長期投資基本上大部分的時間都是只買不賣，因此存股族可以將自己的庫存外借，賺取利息。這在股票市場裡，可說是難得一見只賺不賠的獲利模式。

有些人會誤解，需要借券的人多是為了放空股票，擔心借出後會使自己持有的股價下跌，造成損失，但其實借券的目的並不只有放空，還可用於返還借券餘額或履約股票選擇權等。

另外，就算因借券放空，造成短期股價下跌，而非個股獲利衰退，反而是加碼好公司的時機。所以若有出借股票的機會，我都會盡量出借。

但會有借券需求的股票，通常是股價相對活潑即較有波動的標的，被動式 ETF 的優點是可以分散買進一籃子的

股票，所以股價的波動也較個股穩定。

但股價起伏相對穩定的優點，對於短線想要賺取價差或進行避險、套利的借券投資人來說，就不是那麼有吸引力，所以幾乎很難有出借的機會，或是出借費率極低，扣除掉券商收取的手續費後，實際能拿到手的利息真的很卑微。

自組 ETF 中的個股相對就比較活絡，且不同個股會不定期產生較強勢或弱勢的局面，所以很容易有機會出借這些標的，來換取穩定的現金流。然而自組 ETF 中的個股雖然股價相對活絡，但若夠分散，總觀整體市值的變化，還是能有穩定的表現，因此更能達到多重收益的優勢。

另外，將每個月的利息收入，再投入購買零股進行正向循環，可以多一筆累積資產的收入，是很棒的方式。但須注意，借券是以張為單位，零股是無法出借的。

不需要在意溢價的問題

被動式 ETF 在某些時候，容易出現溢價的問題，例如

因殖利率較高，而使除息前，投資人在短時間內追買或是具備題材性，使新上市當天造成搶購、導致供需失衡。此外，整體市場過熱，大家對股市過於樂觀時，也可能有溢價之風險。

前述情況都容易使 ETF 出現不合理的溢價，即市場上的價格高於其淨值。買入溢價的 ETF 等於是侵蝕自己的獲利。因此購買被動式 ETF 需要留意市價與淨值之間的關係，一般溢價超過 1％以上，就需要考量是否先暫停買入。

購買個股，只需要專注於股價上，自己以不追高買為原則，即股價超過季線太遠，就會先觀望，詳細說明於第 3 章中，若關注的個股股價遲遲沒有來到自己設定的價位，則會選擇其他標的投入，並不會將規劃要投入股市的資金停留在手上太久。

不需要支付內扣費用

被動式 ETF 的內扣費用包含了管理費（操作經理人管

理成本）、調整投資組合的交易成本、保管費（支付給保
管資金銀行的成本、基金經營必要開銷），而自組 ETF 只
會有調整投資組合的交易成本。

　　一般台股的 ETF 內扣費用約在 0.4％～ 1％之間，雖
然不高，但也是投資成本之一。假設當年度扣除內扣費用
的績效為 20％，1％的費用支出或許無感，若績效為 2％，
則內扣費用就可能占了 50％的獲利。

分散投資，意外節稅

　　單筆股利所得超過 2 萬元，就必須繳交健保補充保
費，費用為應發股利的 2.11％（2021 年 1 月 1 日調漲），
例如單筆應領股利為 10 萬元，應繳納的補充保費為
100,000×2.11％ =2,110 元。繳稅是人民的義務，若單筆
達規定的納稅金額就依法繳稅，沒有懸念。

　　自己當初分散投資的主要目的是降低風險，而這個
分散的做法，讓自己就算是一年可以領 50 萬元的股利，
也很難達到單筆 2 萬元的門檻，讓我不用多繳納健保補充

保費。

依稅法規定，股利可抵減稅額每戶上限 8 萬，扣抵金額為股利所得的 8.5％，當股利所得來到 94 萬元，即 940,000 元 ×8.5％=79,900 元，也就是可扣抵金額的上限。

2021 年，我領到的股利約 50 萬元，可享扣抵金額 42,500 元，且不須刻意節稅，如除息前先調節持股等，就不會繳到健保補充費用。

假設 50 萬元的股利集中於一檔個股，且個股採年配息，那應繳納的補充保費就是 10,550 元，如此一來，到了每年的納稅季就會很有感了。

主、被動投資各有其優缺點，端視投資人的需求，只要是適合自己的方式，都算是好的投資方法（見圖表 2-3）。

圖表 2-3　主、被動投資比較

	被動式 ETF（被動投資）	自組 ETF（主動投資）
標的	發行前即限制好追蹤標準	自己篩選
管理費	較低	無
風險	較低	較低
換股彈性	投資人無決定權，但會定期依追蹤標準更新	投資人可隨時調整、增刪比例
股東會紀念品	無	有
股利發放	固定月份（依類型而定，有些沒有配置股利）	可分散不同月份

06 投資方法琳瑯滿目，找到適合自己的更重要

在股票市場中可以獲利的模式有很多種。

2014 年，因朋友介紹，期貨交易成為我進入投資市場的第一步，當時一直賠錢的自己看似不幸，但從另一方面來看，也讓我快速的了解，市場是個不講人情、沒有憐憫的地方，越是貪心求快，越會陷入風險之中。

隨後經歷了 5 年的失敗與不斷修正，最終在 2019 年找到適合自己的投資方法。在這 5 年期間，自己就跟身邊大部分的朋友一樣，心裡只想著獲利，但實際上大多數的時間都在等解套，整體而言都是賠多賺少。

不過處在投資失利、哀鴻遍野的朋友圈裡，自然也就不會覺得自己特別差，心裡面總是很樂觀的想著，只要認真上班，每個月有穩定的薪水，配合不斷累積的經驗並更

正投資方法，要在股市裡面獲利大於虧損，應該不至於像登天一樣難。

過程中領悟到，投資最重要的是心法，而不是方法。即使大家使用相同方法，但因每個人的心態不同，就會產生不一樣的結果，市場之所以令人既期待又怕受傷害的地方，就是他永遠無法被精準的預測。

2019 年起，我開始打造自己的投資組合，並沒有刻意要買多少檔數，但常常看到在網路上，若有人貼出自己手中的持股檔數超過 10 檔，下面的留言就會馬上刷一排「太分散了」、「要集中火力，不然沒效率」、「雜貨店」、「不如直接買 0050」、「這樣會沒時間照顧」、「建議最多 5 檔就好」、「這樣很難管理，績效會變差」。

我知道多數人都是出於善意的提醒，在沒有建立屬於自己的一套管理方法下，持股越多檔，在股市大跌時，有限的資金該如何分配，的確會讓人手足無措。

但其實也有不少投資人買了超過 10 檔以上的股票，我覺得這並沒有對錯或是好壞，是每個人對於股票管理或

照顧的方式不同，每個人持有不同檔數的感受度也不同，大原則是當持有 20 檔會讓自己有難以管控的壓力時，那就減少檔數到不會有壓力為止，投資本該是件快樂的事。

比起浪費 10 年甚至更久才走向存股之路的前輩，覺得自己很幸運，沒有人天生就會投資，只差在願意花多少時間摸索、培養，自己對夢想有多堅定。

每個人適合的投資方式不一定相同，但若能檢視自身，找到符合以下要點的方式，更容易持久成功。

當市場大跌時，也能有正常的睡眠品質

用睡眠品質來評估自己的投資組合與部位是否超過自己可以承受的風險，這是我滿常用來檢驗自己投資策略是否健康的方法，我也覺得很適合每一位投資人。

過往自己在做期貨或是使用槓桿較大的價差交易時，晚上睡覺時間就會受美國股市的漲跌影響，若是大幅上漲時，就期望著可以延續到隔天早上，心中那種莫名的興奮

感，讓睡意消失；若是大幅下跌時，腦海中就開始不停浮現，明天早上可能會賠多少錢、要不要補保證金、還有多少可以動用的資金等問題。

搞得自己不僅白天上班累，晚上沒有足夠的休息更累。現在回想起來，只能說這種生活體驗過就好，絕對不要再來一次了，還好已修正為長期投資，不然 2022 年烏俄戰爭引發市場大起大落，應該又會讓自己失眠數天。

不會影響到自己的本業

影響到本業包含兩個部分，第一個部分是專注度降低，一般上班族很難時時刻刻盯著手機看，不適合貼著市場太近，輕則造成自己該有的進度落後，重則影響整個團隊的績效，加上自己在股市又賠錢，這種賠了夫人又折兵的雙輸劇本，一定要避免。

另一個部分是薪水小偷的行為，自己發現，只要當天大盤的漲或跌超過 2％以上，早上 9:00 ～中午 12:00，廁

所有滿大的機率都是客滿的。

幾年前，自己也曾經是其中的一員，裡面的「戰況」不外乎就是大漲時，快點進行獲利了結；大跌時，快點停損或是補錢再攤平。

為了投資影響到本業，其實是很本末倒置的行為，本業收入是自己投資本金的主要來源，而投資過程中，本金的持續投入才是獲利的關鍵，投資人該追逐的是不斷的累積本金，而不是報酬率。

舉例來說，每個月可以投資市場的資金從 5,000 元提升至 10,000 元，自己認為透過工作上的努力加上節省不必要的開銷，會比投資績效翻倍來的更有機會。

圖表 2-4 可以清楚了解本金與時間的關係，大家都知道複利的威力很驚人，同樣是每月投入 5,000 元，報酬率 6.15％時，需要 23 年才能達到 300 萬元的資產；報酬率 14％時，只需要 15 年就能達成。

但我們很難預期往後 10 年或 20 年的報酬率到底會有

多少，我們可以掌握的是每年投入的金額，換句話說，越想快速達到目標金額，就越應該努力工作增加每年可以投入的本金，而不是想著短進短出增加資金效率或報酬率，這樣反而可能會達到反效果。

標的夠分散或是買大盤的 ETF，我們只能「預期」年化報酬率，但實際上報酬率是會隨著環境與科技的變化而浮動，假設要達到 300 萬元的資產，在同樣 6.15% 的報酬率下，每個月投入 5,000 元、1 萬元、2 萬元，需要花的時間分別是 23 年、15 年、10 年，由此可知，投入金額的多寡是資累累積重要且可控的一環（見圖表 2-4）。

圖表 2-4　投入金額越多，複利累積的效果越好

每年投入金額（元）	年化報酬率（％）	投資期間（年）	目標金額（元）
60,000（每月 5,000）	14	15	3,000,000
60,000（每月 5,000）	6.15	23	3,000,000
120,000（每月 10,000）	6.15	15	3,000,000
240,000（每月 20,000）	6.15	10	3,000,000

不影響家庭生活品質

我結婚的蜜月旅行是 2016 年 7 月，五天四夜的日本北海道行程。難得到國外旅遊，本來應該是無憂無慮的與太太享受一路上美好的風景，但當時自己仍沉浸於短線交易，且使用大量的槓桿（融資交易），因此很關注市場動態，每天期待自己昨天買的股票，今天就會上漲，完全忽略了旅行的意義。

此外，由於我經歷過 2015 年大盤指數從 4 月份最高 10,014 點跌到 8 月份最低 7,203 點的陰影，因此在 2016 年開始，自己就「很有想法」的陸續使用融資買入元大台灣 50 反 1，深信一切的上漲都是假的，股市終究會再崩跌。在情緒化的操作下，換來的結果就是台灣 50 反 1 被深度套牢，而蜜月期間，台股的漲勢又剛好特別猛烈，看著自己的台灣 50 反 1 越虧越多，也影響到出遊的心情。

太太問我：「出來玩你怎麼都心不在焉？」我只能敷衍帶過。而在旅遊過程中，自己三不五時就盯著手機看盤，自以為可以壓抑著賠錢的失落，但太太還是很敏銳的

感覺到我的異常。某天早上太太醒來後，突然大哭，宣洩心中的委屈，我才恍然大悟，我的行為有多麼不應該。

事後回想起來，還是帶點遺憾，蜜月旅行就只有一次，自己卻因為沉溺在短線交易上，影響自己的心情就算了，還降低了那次旅遊品質，真是得不償失。

反向的 ETF，並不適合長期持有，自己因為套牢、不停損，撐了 8、9 個月反而付出更多代價，投資人應避免這種錯誤的操作。

發自內心覺得投資是一件快樂的事

在職場上，我認同適度的壓力可以強迫自己前進並且可以幫助成長。但在投資理財上，就截然不同，當在有壓力的條件下投資，是很辛苦而且無法持久下去的。過往自己在投資上面對過的壓力包含：

過度的槓桿操作

例如融資金額太高，看著每天的利息追加，會莫名的感到焦躁，想著今天上班賺的錢，有一半以上都拿去付利息，就會產生沉重的無力感。遇到持有標的連續幾天下跌，加上不甘心停損的心態、面對被斷頭邊緣的壓力，更是難受。

與別人比較

聽到朋友幾週內又賺了多少錢，基於愛比較、不想輸的心態，自己也希望能夠快速獲利，無形中給自己時間與績效的壓力。在沒有專業操盤的能力下，反覆的進出，原本是想更快速的累積財富，最終只是讓本金一直流失。

後來才懂得，投資是自己的事，不需要有無謂的比較，別人再怎麼賺錢，都與自己無關，我們只看到別人獲利的一面，但卻不知獲利的背後，是下了多少工夫、花了多少時間與承受多少壓力。

重押某幾檔個股

這個部分每個投資人的看法不一定相同，有些人對投資的標的有非常深入的研究，就可以無壓力的重押一或二檔個股。但自己並不是鑽研財報的投資人，對於單一標的占有太大的比例，就會有不安心的感覺，特別是當投入的資金越多時，感受越明顯，所以我選擇分散式的建立自己的投資組合。

有許多投資前輩不論是出書或是在粉專上，都會分享他們的投資方法、經驗與心得，若對投資還毫無頭緒的新手，也可以多涉獵這方面的書籍或文章，找出自己最認同的做法。

可以先從模仿開始，再慢慢修正，找到屬於自己的方式，不需要勉強自己採用不認同的投資方式或買自己有疑慮的標的。投資方式分很多種，例如：集中標的買進、分散標的買進；一次性投入、分批投入；喜歡金融股、喜歡電子股；定期定額、擇時買進等，這些方式沒有一定好或壞，只有適不適合自己。

若違背自己的個性或超出自己可承受的風險範圍，都無法成為一個快樂的投資人，同樣地，當建立起屬於自己的方式，也不用急著強迫親朋好友甚至是網路上不認識的人，照用你的模式，因為適合你的並不一定適合別人。

也許很多想自組 ETF 的人會問，什麼樣的投資組合才適合自己？其實只有試過才會知道。例如，當建立好屬於自己的 ETF 投資組合後，遇到大盤大跌，看著手中持股市值減少，難免會不安，那就多分散幾檔標的、分散每檔個股的權重，或是提高加入債券型 ETF 的比例等。

若市場行情大好，覺得自己的組合太分散，大盤上漲時，賺不到理想的報酬，那就試著將持股集中。要記得，自組 ETF 擁有彈性自由的特性，隨時都能因應自身條件或環境做調整。

當然，主、被動投資也可以混合，不一定非要選邊站，100％主動或 100％被動，兩者的比例可以依投資人的興趣、想要花在投資的時間與可承受的風險而定。

07 投資過程中最重要的事

股神巴菲特曾說：「投資只有兩個原則，第一個是不要賠錢，第二個就是不要忘記第一個原則。」雖然字面上會將「不要賠錢」想成是「要賺錢」，但兩者心態上卻大不相同。

以我的經驗而言，當買進一檔股票的心態是「要賺錢」而不是「避免虧損、累積資產」時，持有的信心很容易受股價的高低起伏而動搖，股價高時想賣出賺價差、股價低時想抄底買進，打亂原有的計畫、陷入風險中。

所以，我給自己的期許是，在投資過程中，除了效法巴菲特說的「不要賠錢」，還要找到「適合自己的方法」並「享受愉悅的投資過程」。

投資的首要原則 —— 不要賠錢

在自己過往的股票投資經驗中,同樣是挑選一間好公司,個股損益是獲利或虧損,與持有的時間長短有極大的關係。

因為短期的波段操作與長期的存股策略有所不同,波段操作重視資金運用效率、重視突破某價位的買點與跌破某價位的停損點等,力求在幾天或幾週內就能獲利了結。而我喜歡在下降趨勢或盤整過程買進股票的第一筆價位,可是常常買了之後卻繼續跌或是持續盤整,因此在我買進後半年內,帳面上仍處於虧損的情況很常見。

但如果是以存股為目的,就不急著短期內帳面上要有什麼多漂亮的獲利數字,好公司的價值遲早會體現出來。

所以「不要賠錢」這件事,不適合看太短期。經篩選後多數的股票,長期持有就可以做到不賠錢,但這當然是以選到好公司為前提。至於選好公司的方法,將於第 3 章詳細說明。

找到適合自己的方法

一直以來，自己始終深信，投資方法有很多種，沒有最好的，找出適合自己的最重要。

市場上有很多前輩提出了許多值得學習的方式，但我認為，很難有一種方式可以直接複製、貼上到另一位投資人身上，原因在於每個人的心態不同、可承受壓力的心理素質不同、每週花在投資上的時間不同、生長環境與背景不同、投入的資金不同……有太多太多的不同，每個人都是獨一無二的。

若強迫自己使用不適合的方式投資，操作起來不僅痛苦，而且難以持之以恆。試著多方面涉獵前輩們的投資方法，吸收統整，將其內化成自己的心法後，再發展出適合自己的方法。

例如，當自己重押某一檔股票後，心情就容易隨股價的高低而起伏，甚至無法安心睡覺、安心休息，所以選擇分散風險，買進不同投資標的來換取內心的安適。

在正確的道路上投資，不是拚誰跑得快，而是看誰跑得久，若使用的方法連自己都不認同，更別談要如何堅定信心、持續下去。

享受愉悅的投資過程

天下沒有白吃的午餐，在投資前，花些時間初步的了解投資標的是必須的。以我而言，尋找標的是一種興趣，可以發現好的公司，又有機會可以賺錢，這過程不是很有趣嗎？

使用自己的方式達到穩健的獲利，這份成就感更是無與倫比。

08 買這麼多檔，不會很累嗎？

善用工具管理，事半功倍

做自己有興趣的不會覺得累，就跟以前自己喜歡玩線上遊戲一樣，即使熬夜睡不飽，但仍然甘之如飴。投資這件事，從一開始慢慢摸索，到後來穩定獲利，過程中不僅獲得實值的回報，更有滿滿的成就感。

一般投資人通常還有本業，下班後就已經很累了，還要自己選股、自組 ETF，可能會覺得很累，也有不少投資大師主張，股票持有檔數不要太多，甚至建議不要超過 10 檔，擔心耗費太多心力和時間會無暇顧及。

但其實只要用對方法，便不會花費太多心力。

很幸運的是，生在現今資訊發達的年代，目前市場上

已有許多免費或付費的工具，可以幫助投資人快速的篩選並整理出自己心目中的理想標的。

只要鍵入指標、篩選標準，就可以透過軟體幫忙找出理想標的，甚至可以持續追蹤，做好控管。我認為比起之前在股票市場裡繳的學費，投資初期花一些小額的錢使用軟體或 App 篩選出大量好標的，可以節省很多自己整理或搜尋的時間。但若投資相對集中於某些個股，或許就不是那麼必要。

對我來說，管理 10 檔跟 100 檔股票，其實差別不大，買進後可以透過簡單又好用的 Excel 表格進行統整。想了解投資績效，就依報酬的高低排序；想了解每檔股票投入的百分比，就將資金占比欄位依序排列，所有資訊便都一目了然。

以長期持有為主，不受股價短暫波動影響

另外，因為是長期持有，所以操作步調相對其他交易

策略較慢，是採取「只買，非必要不賣」的原則，所以雖然帳面上看起來持有很多檔，但在確定是值得投資的好公司，買進後就不需要頻繁的關注股價變動。

其實，一般投資人會覺得很累的主要原因是，看到股價上漲，常常就會出現「漲多了，要不要先賣一趟」的想法；看到股價下跌，開始想「跌破月、季線後，要不要停損，或是可不可以加碼攤平」，每天開盤就陷入天人交戰。若是已有堅定長期持有的心態，其實這些想法，就不會反覆出現在腦海中，造成困擾。

雖然我持有很多檔股票，但畢竟都是長期持有，買來存著，與公司一同成長並領股息，不會影響到本業的工作與日常生活，所以並不會覺得累。

但若是要我盯著原物料報價、航運相關報價、面板報價或記憶體報價等，隨著報價高低，進行持股的轉換或調節，反而會覺得累。

不可否認地，當然也有投資人可以因應以上報價的漲跌，得心應手的進行操作。只要培養出屬於自己的方式，

從中獲利並堅持下去就對了。

有些投資人會認為既然要「存」股，就是要選二三十年都不會倒的公司，但我的想法並非如此。

我也喜歡用「存」股這個詞，但僅是用來代表買入的心態是想長期持有，當公司獲利衰退或是數季虧損再換掉就好，但若因為預測他「可能」撐不了 20 年，就打從一開始錯過這個以後有可能會有不錯發展的公司，這樣不就很可惜。

09 除了股息，還有借券收入

　　現在許多券商都有借券平台（App），存股族可以透過借券平台，將自己的庫存外借，賺取利息，這是一項除了股息，還能額外擁有的零風險收入，而且是每個月可以領到租金，等同於變相加薪。

　　出借的利息費用是以「天」計算，一般常見的利率約在 0.5%～ 3%之間。以元大證券為例，出借依天數可分為固定型（30 天、90 天、180 天）及開放型（180 天）。若是採開放型，則利息計算方式如下：

出借收入 = 出借股數 × 約定費率 × 借貸標的於借貸
　　　　　期間的每日收盤價 ÷ 365 × 出借天數（以
　　　　　每日計價累加，自成交日起至還券前一日
　　　　　止，計期間頭日不計尾日）

出借手續費 = 出借收入 × 30％

出借收入淨額 = 出借收入 - 代扣稅款（單筆出借收入

≧ 20,010 元，代扣 10％所得稅，次

年度可扣抵）- 手續費

舉例來說，假設一檔股票，股價 100 元，出借一張利率為 2％，若這一個月內的股價起伏不大，那麼可以估算出借一個月的利息約可以領到 115 元（1,000×2％×100÷365×30×0.7）。依此比例，當出借的股票市值達 100 萬元，每個月就可以為自己加薪 1,150 元。

依借券者為了做空、避險、套利等需求不同，不一定每檔股票都可以成功借出，但當持股相對多檔，很常會看到自己的持股出現在借券需求中，使得庫存的「利用率」相對高。

對於這種零風險「收租」，基本上，只要借券利率大於 0.5％，我就會有意願出借，提高自己的現金流，最友

善的是 1 張就可以出借，對小資族而言，看著庫存的股票
1 張、1 張的替自己收租金，積少成多帶來很大的成就感。
值得注意的是，出借時間，不會收到股東會信件，也無法
領股股東紀念品。

借券的利率也可以自行設定，整體而言，當持有的標
的是多數存股族都擁有的公司，如金融股族群，則相對難
借出，因為供給量較大；相反地，若是一些中小型股，則
較有機會借出，利率也較優。

因為中小型股在外流通的股數相對少，且持有的投資
人，若不是抱持長期持有的策略，則會因為價格漲高就想
賣出，短期間有賣出需求的人，通常不會想要將券出借，
因為還券需要一至數個工作天，無法馬上賣出。

但透過券商平台出借手中股票時，券商會收取手續
費，且手續費都還不低，約在 20％～ 30％之間，也就是
說，當每個月的出借利息總收入為 100 元，券商會收取 20
～ 30 元不等的費用。沒錯，就是這麼高。但也不是完全
沒得談，只要出借達一定的金額，其實是有機會調降的。

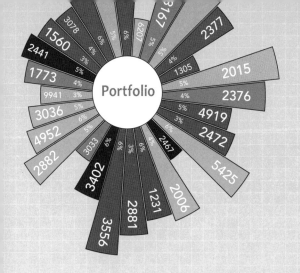

第 3 章

打造屬於自己ETF的
投資策略

10 顛覆不要持有
太多股票的迷思

　　大部分存股前輩都倡導存股不要存太多檔，例如，不要超過 3 檔、5 檔或 10 檔等，應該集中火力，才不會分散獲利。

　　我雖然也認同這個說法，但在選股的過程中，發現台股符合自己好公司標準的標的真的很多。每個人認定的好公司條件不同，可以拿來當存股的標準也不同，而我的做法是，選好標的後，「前期從寬，後期從嚴」。

幾檔不是問題，重點要親自挑選

　　所謂「從寬」的意思是，只要認為一間公司未來的營運與獲利狀況會大於等於過去已繳出的成績，就可以納

入追蹤。畢竟人們都會想追求更高科技、更便利與更美好的生活，在這種天性的驅使下，也就會力求進步、除弊革新，因此理論上，公司的經營都會朝著正向發展。

「從嚴」的意思是，當買入一間公司並持有一段時間後（數季或數年），若公司的營運發展每況愈下，進而直接反應在股價上，即使降低成本後，例如在股價下跌的這段時間逢低加碼、歷經公司配息，帳面上仍是虧損，此時就需要列入是否停損的觀察名單。

一般而言，體質良好、獲利能力佳的企業遇到亂流，財報上的影響大概一季或一年，不久就可以恢復正常，但若股價持續兩年以上都在走下坡（受疫情影響的則另當別論），這時就需要更嚴謹的檢視財報。

找出導致財報表現不佳的原因，看是因為業外虧損、競爭力下降（毛利率下降），還是大環境改變使原有產品被取代（營收下降）等，當認定標的不適合再繼續存股時，就承認自己當時判斷錯誤，把資金移到更穩定或正在成長的標的，這就是所謂的停損。

對我而言，停損從來都不是依股價高低來決定，而是用財報數字才會更客觀。當然也有遇過，自己停損後，股價就飆漲的個股，畢竟財報都是落後指標，並無法代表未來，但這種情況占相對少數，而且通常飆完後，還是會回到原形。

就算當初沒有停損賣掉該檔個股，但因為目標是長期持有，所以股價飆上去後，我也不會賣，又會抱著下來，所以不管有沒有停損，都不會賺到飆上去的那段價差。

存股這條路上，價差對自己越來越沒有吸引力。當然也不反對，有些投資人會分配部分資金存股、部分做價差，但這必須要分得很清楚，不能被套牢了就說是在存股，上漲了就說要賺價差。

選股的過程如同人生，不會一帆風順，只有不斷練習、修正、努力學習，向更正確的道路邁進。

多數人一開始投資，難免會跌跌撞撞，我認為這是正常的，沒有人天生下來就是投資專家，唯有透過每一次的失敗，並且從失敗中學習，慢慢找到屬於自己獲利的心法

與方式。當找到不影響自己日常生活的獲利模式，那就是適合自己的方法。

當面對指數大幅度回檔修正時，將資金分散於不同產業與不同公司，可以讓自己處變不驚，至於股票要分散幾檔比較好？依每個人可以承受的風險及投入的資金而定，其實沒有標準答案。

我也從來不會設限要買幾檔股票、要買多少數量，最重要的是持續投入資金。千萬不要為了分散標的就四處跟風投資，聽到什麼就買什麼。

買進的每一家公司，最好都是自己挑選過的，這樣面對股價修正時才抱的住、抱的穩，也才不會常到各大討論區留言「某某個股怎麼了？」「還可以繼續抱嗎？是否要停損？」這些問題的答案，也都是因人而異。

技術派投資人會說跌破平均線就跑，價值派投資人也許會說下跌正是撿便宜的時機，沒有人能精準告訴你怎麼做才不會賠錢，或是怎麼操作才可以賠最少錢。

　　每次的進出場，都是累積自己在市場上交易經驗與判斷選股的好機會，可以參考別人的意見，但最終經過自己仔細思考後做出的決定，就是對自己負責的最好方式。

　　本書認定的好公司單純先以過往的財報數字回推，確認其穩定性後，再去了解公司的產業自己是否認同，但針對產業面的細節牽涉廣泛，有興趣的投資人可再依個人喜好深入研究。大原則就是對於自己投資組合占比越高的公司，需要了解多一些。

用股利回推，計算最少投資金額

　　另外，個股要投資多少金額呢？因為基本上每次領股利時，都需要扣除一筆 10 元的「匯款處理費」，所以我建議針對領股息為主的標的，最少投資金額以每次領到的股利大於 1,000 元為目標。

　　假設股利是 1,000 元，該筆匯款處理費就是 1％（10÷1,000×100％），相當於用低於 1％的成本，就能

獲得分散風險的優勢，我認為是可以接受的。

但若將資金切的太分散，每檔股票都只各買幾股，以致於每筆股利只有幾百元甚至幾十元，分散風險的成本比例就會較高。例如股利僅 100 元時，單次的匯款處理費就是 10％，我認為這就相對不划算。

以高價股且採季配息的台積電為例，雖然台積電的股利匯費只需要 5 元，要達到每季應發股息大於 500 元（即讓匯費成本小於 1％，以近三季[*]平均每股配息 2.75 元來看，至少須持有 182 股。以 2021 年 12 月 30 日收盤價 615 元計算，約要投入 11 萬 1,930 元，門檻相對於一般殖利率 5％、6％以上的個股還高[†]。

但並不是說持股低於 182 股就不好或不要買，因台積電是屬於成長型的公司，也是世界上半導體的核心指標，我認為或多或少，都應該將其納入自己的選股組合中。

---

* 2021 年第二季到第四季。
† 殖利率為每股股息 ÷ 每股股價。以台積電 2021 年股息共 11 元、文中股價 615 元計算，殖利率約 1.8％。

　　台積電這類型的成長股，比較不適合用股息多寡或殖利率高低作為篩選標準。投資股票除了希望能領取股息並將資金持續投入、創造複利效果，一間公司能否穩定獲利與市值成長，也是累積資產的重要環節。

11 篩選好公司，納入投資組合

　　存股對自己而言是不斷進化與修正，選股標準歷經
1.0、2.0 到 3.0 版，之後不確定會不會有 4.0 版，但如同大
家熟知的那句話：「世界唯一不變的事，就是一直在變。」
所以定時檢視自己的投資組合也是必須的。

存股 1.0 版，重視殖利率高的個股

　　存股 1.0 版中，我的選股標準如下：

1. ROE 連續 5 年 > 10％

2. 公司連續 5 年以上 EPS 為正值

3. 股價 < 80 元

4. 董監持股比例 > 10％

5. 毛利率近 5 年平均 > 20%

6. 現金殖利率近 5 年 > 5%

在這個選股方法中，自己一開始覺得沒有什麼問題。但後來實際操作後，有再做調整。

ROE 連續 5 年大於 10%

ROE 是股神巴菲特愛用的財務指標，也幾乎是大部分存股前輩都會參考的指標，主要是用來反映公司的經營績效與獲利能力。

若 ROE 長期達一定的水準，也代表公司的財務相對穩健，而此處的「長期」就依個人的喜好定義，有人覺得 5 年就夠，保守一點的投資人覺得要 10 年以上才夠。

前者的缺點是 5 年內可能市場都是走多頭行情，顯示不出公司在空頭時的表現是否依然穩健；而後者的條件相對嚴苛，雖然可找到相對穩定的公司，但也可能錯過一些未來具備潛力的公司。

我則是不想錯過過去 5 ～ 10 年表現沒那麼好，但近 5 年體質漸漸轉好的公司，所以選擇 ROE 連續 5 年 > 10%。

公司連續 5 年以上 EPS 為正值

EPS 長期為正值，代表公司有穩定的獲利能力，一般而言，穩定獲利的公司，才能穩定的發出股利，也才有機會填息，這種模式也是存股族最需要的，若配息有一年沒一年的，我認為就比較不適合當成長期持有的標的。

前兩項選股標準是為了找出獲利表現優秀的公司。我在存股 1.0 的階段，試圖用相對多的篩選標準，找出表現相對好的公司，但後期隨著心態的轉變，也做出了調整。

股價低於 80 元

對於股價的限制，主要是因為前期資金相對少、盤後零股的交易不是那麼方便，且對於高價股，存在「漲有限，跌無限」的誤解，所以對於價位高於 80 元的個股都先排除。

但自從 2020 年 10 月 26 日盤中零股交易制度實施後，大大提升了零股的交易量，自己也試著以零股的方式買進價位較高的個股，例如價位 100 元的股票，一次買進 100 股，就是 1 萬元，相較於一次買進一張，心理壓力與資金的負擔小很多。所以在存股 2.0 版的策略，就將「股價 < 80 元」這條標準移除了。

董監持股比例大於 10%

接著是「董監持股比例 >10%」，這個指標是用來判斷，內部人或所謂的自家人，對於該公司的未來發展是否具有信心。董監持股的比例越高，代表信心越強，籌碼也相對穩定，例如 2015 年展開矽品與日月光的股權爭奪戰中，「董監持股比例」又再度被投資人重視。

但後來發現有許多獲利穩定的好公司，因為股本大，董監持股比例難以 > 10%，外資持股比例反而比較大，所以在存股 2.0 版時，刪除了此項。

毛利率近 5 年平均大於 20%

毛利率是一家公司的護城河，高毛利的公司可以視為具備持久性的競爭優勢，藉此創造高利潤。用毛利率判斷公司好壞的方式沒有問題，但由於產業特性的關係，若將毛利率作為篩選個股的指標，恐會遺漏某些產業中，毛利較低但獲利穩定的好公司。因此在選股 2.0 版時，也刪除了此項。

現金殖利率近 5 年大於 5%

一開始存股的觀念相對保守，直覺認為殖利率越高越好，所以只想買穩定配出高殖利率的公司，經過一段時間後發現，許多高價股或是成長股，因為這項指標，始終無法進到我的選股清單，但他們過往的表現，都是向上成長的趨勢，為什麼要因為這個指標就排除呢？

殖利率雖不高，但可以穩定的填息，並且還會持續向上成長，對於資產的累積，也是有很大的幫助，所以在後來的選股策略中就刪除了此項。

　　若是將 ROE、毛利率或董監持股比例等指標都從嚴認
定，例如連續 5 年 ROE＞20％、近 5 年毛利率＞20％、
董監持股比例＞10％，甚至加入自由現金流＊＞0、營業利
益率＞10％等要求，或許可以找到台股表現頂級的公司。
但我的投資方式是，找出數十間甚至數百間以上表現良好
的公司進行分散投資，而不是追求找出萬中選一的公司進
行重押。

存股 2.0 版，放寬標準，廣納好公司

　　存股 2.0 版中，我的選股標準如下：

1. ROE 連續 5 年＞10％
2. 公司連續 10 年以上 EPS 為正值
3. 股價＜80 元
4. 董監持股比例＞10％
5. 毛利率近 5 年平均＞20％

＊　指公司可自由運用的現金。

6. 現金殖利率近 5 年＞5％

原本存股 1.0 的標準因實際操作後，做出了刪除與調整，最後留下 2 項指標。存股 2.0 的標準，看似只有簡易的 2 項指標，其實就有一定的篩選效果。

2021 年台股上市上櫃公司共 1,744 家中，若以此 2 項標準檢視，約可篩選出 225 家，僅有 12.9％的公司符合，等於直接過濾了八成以上的公司，接著再從中選出自己認同的產業與標的即可。

此外，選股也並不是那麼死板，所有數字都可以依個人喜好調整，配合當下的均線來判斷高低位階，就可以選出自己心中理想的投資標的。

ROE 連續 5 年大於 10％

有些投資人喜歡將第 1 項 ROE 連續 5 年＞10％，替換為 ROE 平均 5 年＞10％，前者是相對嚴苛的條件，優點是篩選出的公司相對穩定，而缺點是可能因此錯過近 5 年中，ROE 雖不到 10％但很接近此標準的好公司。就看

個人的喜好。

公司連續 10 年以上 EPS 為正值

此項指標也可以搭配個股的投資占比使用，例如預計持有某檔個股占比 10％ 或 20％ 以上，就可以選擇連續 10 年以上 EPS 為正值，若是個股占比小於 3％ 或 5％，就可以採用連續 5 年以上 EPS 為正值。

當占比越高，就需要挑出越穩定的公司，而當占比較低時，則可以承受波動大一些或是上市不到 10 年的公司。

舉例來說，以 2021 年往回看過去幾年，志聖（2467）、力成（6239）、逸昌（3567）與環球晶（6488）等，都有達到連續 5 年 EPS 為正值，雖還不到連續 10 年，在比例控制好的情況下，現階段會是自己想要長期持有的公司。

刪除股價限制，藉零股交易，買進獲利穩定的高價股

自從盤中零股交易制度實施後，我可以用零股的方式買入高價股，不用擔心一次投入過多資金，造成心理壓

力，因此存股 2.0 版時，刪除了股價限制。

買零股對小資族而言，是一大福音，但必須注意手續費，台股規定手續費上限是成交價金的 0.1425％，而最低的手續費用是 20 元。但已有不少券商推出盤中零股手續費最低 1 元的優惠（如元大、國泰、富邦、統一、凱基、群益、永豐金、新光、兆豐、元富等，實際可跟營業員確認）。

開放盤中零股交易後，我的零股交易比整張交易的次數多，因此每筆最低 1 元的手續費優惠，對我非常有吸引力，特別是單筆交易金額在萬元以下，可以大幅降低手續費的支出比例。

也正因如此，我開始買進高價股。高價股跟高殖利率股是有衝突的，大部分的高價股，殖利率不到 5％。在台股，殖利率高容易成為一種保護傘，許多投資人會優先選取殖利率高的股票，認為可以獲得比較高的股息，但一味追求高殖利率，反而會掉入另一種陷阱，就是領了一、二年的配息後，沒有填息*，含息報酬始終是負值。

---

* 個股除權息後，回到除權息前的價格。除息後股價＝除息前股價－發放的現金股利；除權後股價＝除權前股價÷（1＋配股率）。

　　所以「穩定配息」與「填息」反而比高殖利率更重要。有些高價股雖然殖利率只有3%～4%，但卻很容易填息，長久下來，投資的報酬率會遠高於殖利率高的個股；不填息的標的一直沒辦法回到除息前的股價，雖然領到股利，但如同大家常說的「左手換右手」沒有賺到什麼。

　　我也喜歡有配息的投資標的，雖然無法填息的標的賺了股息賠了價差，等於「左手換右手」，但只要是穩定獲利的公司，長期持有，填息也是早晚的事，只要每年持續參與除息，獲利的機率是非常高的。

　　高價股為什麼可以成為高價股，一定有它的原因，任何一家公司的股價，都是由市場的交易機制定義出來的。因此我會評估現價，檢視過去 5 ～ 10 年是否穩定獲利，抱持長期持有的投資心態，接著確認股價與季線的乖離率 *＜ 10%或低於季線後，即可分批投入資金。

---

* 乖離率＝（股價 - 均線值）÷ 均線值。指股價和均線的距離，用來衡量當前股價偏離均線的程度，偏離越大，表示股價拉回靠近均線的機會也越高。

董監持股比例改作參考，不再是必要條件

董監持股的比例雖然可以反應出大股東對公司的心態，但並非所有公司都適用，例如股本規模較大，董監持股比例較難 > 10％，或有些董監事以他方式持股，容易導至判斷失準。

為了不要錯過擁有這樣的好公司，因此改用作參考，如台泥（1101）、宇隆（2233）、光寶科（2301）、台積電（2330）、京元電（2449）、義隆（2458）、志聖（2467）、興富發（2542）、國泰金（2882）、玉山金（2884）、台新金（2887）、永豐金（2890）、中信金（2891）、聯詠（3034）、穩懋（3105）、大聯大（3702）、和碩（4938）等（資料來源：2021年11月公開觀測資訊站）。

前述都是董監持股比例不到 10％，但符合 ROE 與 EPS 兩項指標的好公司。其中大部分的公司，外資持股比例都高於董監持股，故在 2.0 的選股標準中，就將董監持股比例改用來參考，而不是必要條件。

刪除毛利率限制，不錯過各產業好公司

存股 2.0 版的選股標準，刪除了毛利率的選項，因為每個產業特性不同，有些產業的毛利率雖然不高，但獲利能力卻很好。像是「通路產業」與「電子代工產業」是靠薄利多銷的方式經營，需要靠大量的營收來支撐獲利，當規模越做越大，擁有的客戶群即是他們的優勢。

雖然近年毛利率 < 20%，但在每年持續獲利與穩定配發股息的表現上，都是值得長期持有的好公司，例如華立（3010）、全國電（6281）、和碩（4938）、文曄（3036）、大聯大（3702）、威健（3033）、精技（2414）、廣達（2382）等。

當然也不是篩選出來的公司都適合拿來存股。存股之前，要先認同該公司或該產業，接著再將其納入自己的觀察名單中，待可以接受的價位出現再買入。

存股 3.0 版，加強分散風險，邊執行邊修正

加入國外 ETF 與債券，分散風險

我在存股 3.0 的策略，是使用原有 2.0 的方式，再加入追蹤台灣以外標的的 ETF 與債券。

隨著投入股市的資金越來越多，將投資部位拉到世界不同的國家並加入債券的配置，可將風險更分散，更能承受不可預期的黑天鵝。但不管是 ETF 或債券，也都是以長期持有為投資主軸。

要檢視自己的投資方式或選股邏輯有沒有出問題，最簡單的方式就是先進行 1、2 年的時間，看結果是小賺、小賠還是大賠？基本上，符合上述的選股指標，在分散投資、分批進場及有條件逢低加碼的大原則下，在 1、2 年的時間內，整體的投資報酬是很難大賠與大賺的。

投資沒有人天生就會，邊操作邊調整才會進步

如果在指數沒有崩盤的情況，自己的投資部位出現大

賠，那應該就是有某個環節出問題了，看是買入的價位需要調整？還是原本認為可以穩定持有的股票，表現不如預期等，找出原因再隨之調整。投資這件事，沒有人天生就會，初期邊執行邊調整是必須的。

若 1、2 年的時間，已經開始獲利，則可以試著將報酬率與大盤指數的漲跌進行比較，此處的用意並不是要打敗大盤，畢竟這是很難的事，這麼做只是為了要更了解自己的方式。

雖然有獲利，但可檢視是否落後大盤，如果落後太多再思考是否有可以再優化的地方，了解自己的不足，透過學習與經驗的累積，持續讓自己進步。

買進「轉機股」，先了解產業並小量試單

數年執行下來，此種選股方式並不會選到所謂的「轉機股」，即以前賠錢或是沒什麼賺錢，現在開始獲利爆發的公司。

若要投資這類型的公司，必須先對產業發展具備一定

程度的了解，還要確定獲利能長期持續，而非曇花一現，以免買在轉盈的階段後，又開始轉虧，但未來是難以預測的，所以建議分批、小量的投入資金，以免受重傷。

雖然「由虧轉盈」這種獲利的躍進，可能因此使股價變成飆股，但若不夠穩定，拿來作為長期投資的標的就比較危險，除非針對公司的經營方向有更深一層的研究，不然風險是很大的。

當然這類型的公司也不是完全不能投資，只要控制在自己可以承受風險的部位即可，例如半導體產業的家登（3680），在 2018 年（含）之前與 2019 年～ 2021 年獲利差異甚大，之前從未出現在我的篩選名單中，因為 2013 年～ 2018 年的 ROE 皆僅有個位數。

但因家登獲利在 2019 年後大爆發，許多針對該公司的研究與報導陸續出爐，而我也在可以承受風險並認同該產業的前提下，在 2021 年 5 月以零股的分式買進。

然而 7 月份股價一路下跌，來到 9 月，再次買進第二筆，此次操作並不是看到什麼技術指標想抄底，純粹是因

為離自己成本價已經約 -20％了，在半導體整體產業不看壞的情況下，於是買進降低持股成本。

就這樣放到 2021 年 12 月 30 日，收盤價 324 元，報酬率來到 35％。當時並未有停利的想法，畢竟整個半導體產業前景持續看好，加上投入的金額並不多，實際上獲利數字有限，就讓它繼續隨市場波動。

時間來到 2022 年 3 月，家登帳面上的獲利幾乎回吐，看似抱了一座山，但其實這就是長期投資人的日常，不去預測股價的漲跌，看好它，就買來放著。

買進前就已知這類轉機股的特性，即股價的波動相對大，我認為，了解此風險後，分批投入可控的資金，參與個股長期的成長，獲利是可以期待的。

「存股選成長股，能加速財富的累積」這句話基本上沒有問題，我也認同，但問題是要選到持續高速成長的公司相對困難，除了要充分掌握未來的趨勢，也必須針對公司的營運方向做深入研究。

　　萬一成長股的成長曲線放緩或是成長停滯時，市場
對它們的股價估算（合理的本益比）就會進行修正。所
以與其將選股的門檻設的很嚴苛，千挑萬選的找到成長
股，個人還是偏好廣泛的將穩定獲利的公司，納入自己的
ETF 中。

12 如何判斷買進時間點？

用季線乖離率，判斷買進第一筆的時機

長期存股與短線操作，兩者買股票的時機點不同。長期存股的策略是，只要經過自己篩選後，認定是值得投資的好公司，就會盡量等到相對低的價位買進第一筆，雖後續會依狀況再分批投入，但第一筆買進的價位是自己主要建立成本的地方，所以會特別注意。

這邊「相對低的位置」是指股價靠近季線或跌破季線時，這時或許是許多技術派投資人進行停損的時機，但對長期持有的投資人卻是能入手相對低成本的時刻。

許多強調「資金運用效率」的投資人，建議買股票不要買在盤整階段，要買在突破後，準備起漲的時候，這樣

做可以馬上享受到一投入資金就賺錢的感覺，而開始下跌時就該賣出。

理想上是這樣，但在市場中，要預測短線的漲跌是相當困難的，特別是還要配合有紀律的停損，大部分的人，最終都會以套牢收場。

對我而言，若是股價正在爬坡階段，會觀察日線圖中，股價離季線是否超過10％，即60日均線正乖離>10％。

舉例來說，若是想買進的標的，季線均價為 50 元，當股價來到 55 元以上，我就會先停看聽，不急著出手，等到季線均價與現價兩者價位靠近，也就是前文提到的「股價與季線的乖離率 <10％或低於季線」才會買進。

通常飆股的季線乖離率都很大，如果是波段操作就很適合以此來賺價差，但我買進的目的是長期持有，並不是幾週或幾個月就賣出，所以會先用此方式避開正在飆漲的個股，以免買到市場上過度樂觀的標的，也將第一筆成本建立的太高。

乖離率這個指標，一般被用來判斷漲多可能修正，或是低檔可能反彈的參考。我則是用來判斷買進第一筆的時間點，避開處在短線漲多的時期。

帳面報酬率小於 20%，優先加碼

為什麼會一直強調第一筆呢？除了與心理層面相關，也因買進第一筆後，就會產生持有成本，當有新的資金可以投入，針對不同標的的先後順序，就會依個股的損益情況與持股占比作為考量（見圖表 3-1）。

圖表 3-1　加碼的優先順序

	帳面上虧損	獲利介於 1%～20%	獲利 > 20%
持股比例 < 1%	★★★★	★★★★	★★
持股比例 介於 1%～2%	★★★	★★★	★
持股比例 介於 2%～3%	★★	★★	★

對我而言，這是一個相對保守與保險的做法，怎麼說呢？我還滿在意「持有成本」，對於要再買入超過 20％ 以上正報酬的個股，等於是越買越高價，雖然獲利一直成長的公司，在不過度膨脹股本的情況下，理論上股價會越來越高價，但「漲多就是最大的利空」，未必會一直漲。

股價若一直漲上去，不再回頭，自己也就認了，畢竟可以承受的風險到哪，可以獲得的報酬就到哪，市場裡永遠賺不到超過自己能力範圍的錢，若有，也只是暫時的。

要拉高成本，在心裡還是有不小的障礙，何況是報酬率已經超過 50％ 以上的個股，就更難下的了手，既然這樣，那就找出讓自己買了不會有壓力的方式。

雖然這可能不是絕對正確的方式，但也讓自己盡量避開不斷加碼，結果個股大幅回檔修正 20％、30％ 以上，從賺錢變賠錢的風險。

此處的獲利設定在「超過 20％」也可能隨投資時間的拉長、投資組合汰弱留強而慢慢向上提升至 25％ 或 30％，在一定的邏輯架構下，細節可隨時進行優化與調

整，這也是自組 ETF 的優點之一。

雖然在選好公司、長期持有、分批買進的大原則下，時間久了，獲利的機率就會相對提升，但「長期」並不是一朝一夕能達成，「千里之行，始於足下」股票的庫存也是一樣，持有一檔股票前 1、2 年是建立自己對這家公司，或對自己選股信心最重要的時刻。

當選到一間好公司，但卻在相對高價時買入，若買入後股價開始進行修正，就很容易住進套房，當套房越住越久，自己難免開始懷疑，是不是存錯股票了。

假設我在 2021 年 1 月 21 日收盤買了一張 673 元的台積電，無庸置疑的，台積電是世界頂尖的好公司，也是台灣之光，2021 年一路以來，各家外資陸續喊出 700 元～1,000 元不等的目標價。但事實上，若買入 673 元這個價位，會一直套到 2021 年結束（2021 年 12 月 30 日的收盤價為 615 元），成本扣掉四次股利 10.5 元，帳面上仍虧損47,500（不含手續費與交易費用）。

將近一年的時間，帳面都是賠錢的，這對存股族的

信心是一大考驗。回顧 2021 年 1 月 21 日當天的季線約在 513 元，若是計算股價與季線的乖離率：（673-513）÷513×100％ =31％，股價大幅高於季線（>10％），先觀望會是比較安全的做法（見圖表 3-2）。

類似的情況，2022 年 1 月 17 日，若買到 688 元的台積電，又是另一個耐心考驗的開始（股價與季線乖離率為12％）。

若股價與季線的乖離率超過 10％以上，真的有想買的衝動也不是不行，建議將資金切細，買入第一筆後，持續觀察，再分批投入。

圖表 3-2　買在相對高點，難免會自我懷疑

圖片來源：新世紀贏家

當股價是買在季線以下，就要有心理準備，買完後
持續下跌的機率是很大的，所以必須分批買進，不要想著
一次就買在最低價。抱持長期持有的心態，等待明年的股
息，就不需要急著買進，深怕沒有搶到反彈。

以我的經驗來說，買在季線以下的個股，數個月內帳
面上的損益都是負值，是很正常的一件事，要先有這樣的
認知，才不會買完後，股價仍一直往下跌就慌了。我們要
在意的是股票市值的累積與每年股息的增加。帳面上個股
的損益，只是用來參考加碼哪一檔股票的工具。

設定每檔持有比例，管控風險

至於負報酬到多少，較適合加碼呢？其實看每個人
的資金不同而定，以我來說，分為兩個階段。投資初期，
沒有盤中零股交易，所以買的標的都是低價股，一次都是
買一張，當個股報酬在 -20％左右，才會進場攤平，當下
跌的趨勢成形（跌破季線或月線），會有很多機會可以買

進，所以不急著低接，另外也會設定個股比例的上限。

若個股報酬來到 -10％就不跌了，還沒有到自己設定
的買入價格，就開始上漲到正報酬，沒買到會很可惜嗎？
或許操作短線的投資人會感到可惜，但對存股的投資人而
言，應該是平常心，股價漲漲跌跌，漲了可以不需要理
會，跌了，若還沒跌到自己設定的價格，也不需要理會。

這樣的模式自己執行起來還算輕鬆，直到開放盤中零
股交易，對於 -20％報酬再攤平的方式，做了些調整，因
零股交易的金額變小了，買入的時機相對也較彈性了，只
要緊守單一個股不要超出自己設定的百分比，在攤平時，
自然就會克制一些，預留空間到下一次再買。

至於每檔股票在自己的組合中，要投入多少成本、該
設定多少占比，這就依每個人可以承受的風險與自己 ETF
組合內有多少檔股票而不同。以我而言，初期投入的資金
相對少，大概先投入 25 ～ 30 檔股票，此時就會將最高占
比設定在 5％左右，而當自己持有的標的越來越多且投入
資金部位越來越高，此時策略就需要隨之調整。

　　隨著投入的資金越多，越需要在意的是風險而不是高報酬。以獲利 50 萬元來說，投入 100 萬元的資金需要有 50％的報酬，而投入 1,000 萬元的資金只需要 5％報酬，相同地，當投入的資金越多，建議可以降低每檔持股的占比。總資金 100 萬元與 1,000 萬元，其中占比 10％買到一檔地雷股，就是虧 10 萬元與 100 萬元的差別。

　　如前文提過的，並不建議為了達到分散的目的，一開始就將資金切的太細，比較建議，當持有的每檔股票，每次的配息金額都達 1,000 元以上，再增加新的標的買入，避免匯款處理費占比太高的現象。

　　或許因為自己大部分的情況下，不優先買入已持有報酬率超過 20％以上的標的，可能會錯過一些持續上漲的好公司，但有失必有得，沒有集中火力在單一個股，難成為暴發戶，但得到更多的是心靈上的自由，面對股災下跌的安然自在，可專注於本業並長期與市場共存。

13 會有賣股的時候嗎？

　　股市的黑天鵝何時會來，是很難預知的事，自己的方式是不去想市場何時崩盤，而是在投資每筆交易時，都做好可能崩盤的準備，絕大部分的資金不會買已知過去獲利不佳或股息不穩定的個股。

　　由於是看過去的基本面，所以只能預期這些買入的公司，未來的營運能大於或等於過去成績。當然也有看錯的時候，即使是存股，這時也必須停損。

　　波段操作需要停損，存股也是如此，但「停損」是件滿困難的功課，因為要承認自己的錯誤，適時認賠。

　　以存股而言，股價或是帳面上的報酬，都不是用來判斷是否停損的指標。停損，是指買入的公司經過持有一定的週期，如幾季或是 1 年以上，但公司的表現不如預期，無法複製過往的 EPS，而直接影響到配息，此時就該承認

判斷錯誤，並將資金轉移到其他標的。

當重押一檔個股，帳面虧損越大時，就越難下定決心
停損，執行起來也越痛苦，此時，分散投資就可以幫助自
己，將受到的傷害降低。

一般而言，自己的停損參考指標包含了：

連續兩季 EPS 為負值

當個股出現單季 EPS 為負值，我習慣先觀察，並了
解是因為認列一次性的虧損、缺料或是競爭力下降，虧損
原因如果確實是公司體質變壞，則會接著觀察下一季的
EPS，如果下一季也是因為公司體質變壞，導致 EPS 為負
值，就會停損出清持股。若虧損原因是與大環境有關，則
有可能反而是加碼的時機。

通常個股公布季報後，如果該季 EPS 為負值時，股價
會明顯的反應該利空而有一波修正，如果虧損原因是與大
環境有關，與公司本身體質不關，此時我反而會視持有的

比例與成本，微量的分批向下買。

例如我在 2021 年 2 月 19 日買進一張資通（2471），價格為 27.45 元，隨著 8 月 9 日第二季季報公布 EPS 為 -0.36 元，股價也進行了近 2 成的修正，公布的隔天從 25.9 元一路跌到 10 月 4 日，盤中最低來到 21.4 元。

進一步了解資通第二季獲利狀況，主要是大環境受新冠肺炎疫情影響，無法到客戶端進行專案驗收，因此導致營收下降，所以我在 10 月 14 日與 10 月 25 日，分別以 22.2 元與 22.5 元的價位，加碼零股共 250 股，降低一些自己的成本（見圖表 3-3）。

圖表 3-3　了解虧損原因，不急於抄底

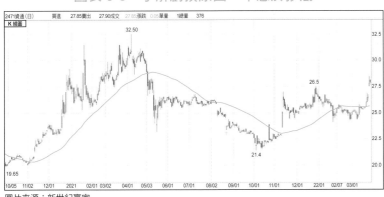

圖片來源：新世紀贏家

　　而當第三季的 EPS 公布年增 7.6％，股價在 12 月 30 日也回到了 26.5 元。有朋友跟我說：「當初股價到底部時，你為什麼不買多一點，只買 250 股真是虧大了！」

　　事後看，大家都看的出來是相對低點，但當下，或許除了公司內部員工，沒人知道第三季的 EPS 表現如何，萬一又是一季虧損，除了股價將會繼續下探，還需要思考是否該停損，如果急著下重本想要抄底，這才叫做虧大了。

　　在以風險考量為優先下，我的心態是，股價跌破自己的成本價，就微量的邊買邊觀察，這樣買起來也不會有什麼壓力，讓自己遠離「靠這一次就要大賺一波」的想法。拉低自己的成本價，是很開心的一件事，但永遠別忘了，股價永遠沒有最低，只有更低，當你腦海裡出現想要多賺一些時，往往都是多賠一些的時候。

　　但若連續兩季出現 EPS 為負值，那就真的必須認真思考停損這件事。就長期持有的角度而言，一間公司在 6 個月內都沒賺錢的話，不管第三季是否能由虧轉盈，這已經遠離了當初存股的目標，也就是要選穩定的標的。當公司

的表現與自己一開始買進的預期不符，就可以試著出清持股，將資金轉移到相對穩定的標的。

這邊只是提供個人的看法，並不是照著這樣做就一定是對的，自己還是會遇到停損後，股價就向上衝的狀況。

例如泰碩（3338）在 2017 年第四季與 2018 年第一季的 EPS 分別是 -0.17 與 -0.52，符合自己減碼的標準，於是我陸續在三十多元出清，結果 2019 年起，泰碩開始瘋狂上漲，最高還來到 106 元，就算不賣，到了 2021 年的 3月，還有五十多元（見圖 3-4）。

圖表 3-4　停損後卻開始飆漲

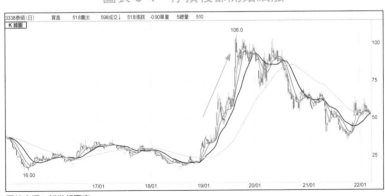

圖片來源：新世紀贏家

　　其實每個指標運用在股票市場，沒有 100％準確的，而在市場上，也不需要每檔股票都看對才會賺錢，只需要抱著對的標的，讓獲利持續增加，看錯的換掉，反覆的執行，就可以提高整體勝率，打造自己的 ETF 就是我認為保守中具備勝率相對大的方式。

連續兩年 ROE 大幅衰退或持續遞減

　　ROE 是大部分存股投資人都會參考的指標。一間公司擁有越高的 ROE，就代表替股東賺錢的效率越好，但因為每個產業特性不同，放在一起比較無法得到客觀的結果，若是自己跟自己比，就可以看出公司的獲利能力是否在走下坡（但須排除一次性認列的因素）。

　　ROE ＝稅後盈餘 ÷ 股東權益，所以跟公司的獲利有一定程度的關聯性。大部分企業的營運與獲利都會受到大環境的影響，就算是穩定成長的公司，各年度的 ROE 都不太可能只增加而不降低。

所以 ROE 在一個區間值增減是很正常的。我的觀察方式是，當 1 ～ 2 年內，ROE 減少 50％以上，那就必須列入觀察名單，這種情況多半會直接反應在股價上，此時就不該加碼，而該停損。

同樣類似的觀察方向，也可以應用在毛利率衰退的趨勢，雖然毛利率的衰退不一定會直接影響到 EPS，但不能否認的，毛利率越高，公司就越具備競爭力。

我選完股後，在持有的過程中，仍會注意季度與年度的 ROE 與毛利率這兩項指標的變化。

假設該檔股票連續 5 年的 ROE 都大於 10％，但是卻有遞減的趨勢，若再觀察幾個季度向下遞減趨勢仍沒有改變，即使帳面上是獲利的，我也會考慮預防性的將該個股自投資組合中移除。

同理，毛利率也是如此，我讓公司自己和自己比，若是毛利率在 3 ～ 5 年內，持續下降，就可能是公司的競爭力下滑。另外須注意的是，毛利率也可以多觀察同業，若

同業在該時期也都出現下滑情況，就不急著做決定，最終還是依 EPS 的變化為主。

在我的觀察中，就客觀的財報數字來看，近年來 ROE 有遞減趨勢的個股如下，無法得知 2022 年會有什麼變化，也不去預測股價，這邊僅就已發生的事實陳述（見圖表 3-5）。

圖表 3-5　觀察名單中，近 5 年 ROE 呈下降趨勢的標的

年度	維熹 （3501）	漢平 （2488）	啟碁 （6285）	群益期 （6024）	天仁 （1233）
2017	9.4%	9.8%	15.1%	18.7%	12.0%
2018	12.4%	14.9%	12.8%	17.2%	11.2%
2019	9.1%	13.7%	9.1%	11.9%	9.7%
2020	7.2%	8.7%	8.9%	10.9%	3.7%
2021	5.8%	6.8%	7.3%	7.7%	2.9%

持有超過一年，帳面虧損仍超過 30%

買進一檔股票後，持有超過一年，參與除權息並且在股價低於成本時，再買入降低持股成本。若經歷上述情況，帳面上還是虧損超過 30%，代表兩種可能：

1. 買進的標的體質沒問題，只是股價追高了，套在山頂上。
2. 買入後獲利不如以往，穩定賺錢的優勢消失了。

因自己不喜歡追高買股票，但什麼價位算高，其實沒人可以知道，偶爾就是會買在相對高的位置。例如在均線多頭排列 * 的走勢中，自己認為跌破季線（60 日均線）就是一個相對具有吸引力的位置，但買入後就持續跌破半年線（120 日均線）甚至是年線（240 日均線）也不是不可能。

以大盤為例，在 2022 年第一季，就是這個走勢，當連大盤都跌破年線時，許多波動性較大的個股，早已跌到

---

* 移動平均線從短期到長期，由上向下依順排列，如 5 日均線、20 日均線、60 日均線。

讓人懷疑人生。但只要持續觀察財報數字，確認體質沒問題的話，適量分批向下買是沒問題的。

若是第二種情況出現，即獲利逐漸衰退，我會將標的列入停損的觀察名單中。至於虧損 -30％只是個初步的判斷，這個比率，可以依整體市場是多頭走勢或是空頭走勢進行調整（見圖表 3-6），多頭市場其實也代表景氣相對好，可以依個人喜好將虧損的比率稍微嚴格一些看待。

圖表 3-6　個股損益，可以搭配大盤走勢一起評估

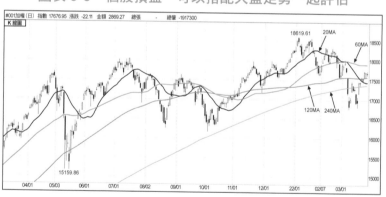

當大盤走入空頭，可能是整體市場遭遇黑天鵝，或只是漲多進行較大幅度的修正，因此停損的條件或許可以放寬一些。另外，以 2021 年底大盤不斷創新高的走勢來看，

自己持有的個股股價可以沒有跟著創新高，但若反而持續創新低，這也需要重新評估該個股是否值得繼續存下去。

關於漲多進行大幅度的修正，很多時候事後看起來，個股本身並非體質變差，只是單純自己向下攤平的頻率過於密集，在短期間內就把該檔個股設定的占比買滿。基於風險的控管就不能增加股數，當受不了持續虧損，賣出後隨即開始起漲，這種情況，雖然沒賺到，甚至是賠錢，但至少會學到一個經驗，最大的問題就是「向下攤平的頻率過於密集」。

在我存股的過程中，目前為止也停損過數檔股票，這些股票也都是買進前自己認定可以長期持有的好標的，只是持有一段時間後，EPS 無法複製過去的表現。

例如紅木 -KY（8426），它在 2012 年～ 2017 年獲利與股利政策都很吸引人，現金股利加股票股利從 2012 年起到 2017 年，依序為每股 3.5 元、3 元、4 元、3 元、2.5 元、4.5 元。我在 2016 年陸續買入 2 張，持有至 2019 上半年財報公布後，確認該公司不是原本預期長期穩定的存股標

的而做出停損，大概虧了 5 萬元。

　　類似上述不如預期的標的，近幾年還包含了大億（1521）、雅茗-KY（2726）、幃翔（6185）、山林水（8473）、漢平（2488）、三芳（1307）、上福（6128）、天仁（1233）、漢翔（2634）等，這邊的案例單純是因為自己在持有的過程中，至少都參與 1 次以上的配息，但帳面仍是虧損，經自己評估後，最終選擇更換標的。並不是這些公司不好，只能說在持有的這段時間，沒有達到預期表現。

　　大多數的投資人常問一句話：「某某股票可以存嗎？」或是「某某股票現在可以買嗎？」對我而言，過去的表現是唯一可以參考的數據，因為未來公司的發展會如何，大概只有公司內部人才知道。此外，這世界唯一不變的就是一直在改變，科技一直在進步，公司是否能隨機應變，都是很難精準預測的。

存股也要停利嗎？

最初，自己認為存股為何要停利，公司營收成長獲利佳，抱著不放，不僅資產會成長，明年的配息也將增加，沒有停利的道理。

我在 2019 年 11 月 26 日買進一張南帝（2108），價格是 29.95 元，當時是買在季線之下，買進的心態是長期持有，後因 2020 年爆發新冠肺炎疫情，使得原本供需波動不大的醫療用乳膠手套，在短短幾個月內供不應求，南帝的股價也隨著獲利直線上升。

2020 年的我，已是堅定長期持有好公司的執行者，所以即使股價當年度來到最高 79.5 元（2020 年 11 月 2 日），帳面上含息（2020 年股息為每股 2.1 元）的報酬率為 185％，仍絲毫沒有賣出的想法。

就這樣持續抱著，到了 2021 年的 4 月 12 日，南帝來到了 170 元，此刻自己的含息（2.1 元 + 4 元）報酬率已來到 612％，這麼驚人的報酬，就連自己也覺得不可思議，

此時，又有一個想法在我腦海閃過：「是否該繼續抱呢？」

剛好隔天到證券商補登存簿，在營業員的介紹下，與一位基金經理人分享了自己的投資方式，同時也提出自己心中的疑惑：「南帝目前獲利約 14 萬元，若以長期持有的角度來看，是否該續抱不賣呢？」此時經理人毫不遲疑的回覆：「為什麼不賣？就算是長期投資，以領股息的角度來看，假設 2022 年配息每張 7,000 元，你已經領到 20年的股利了，當然要賣。」

聽完他這段話當下，我猶豫了一下，但依然沒有賣出。就這樣又放了幾週，突然意識到，南帝在疫情爆發前，是穩定獲利的好公司沒錯，但會有這種爆發性的營收與獲利，是疫情造成的，然而這並不是常態，所以等到哪天疫情趨緩，獲利就會跟著回到該有的水平。

於是我在 2021 年 5 月 7 日，南帝處於 139 元的價位時賣出，做出停利的動作，賣出後，雖然股價於 2021 年6 月 25 日再度創下歷史新高，來到 176 元，但很快地，不到 5 個月的時間，股價就從 176 元修正到最低 77.5 元

（2021 年 11 月 5 日）。

事後朋友對我說：「早知道你就在 2019 年多買幾張南帝，現在就發財了。」但其實不然，先撇開投資永遠沒有「早知道」不談，假設當時在 2019 年 11 月一口氣砸了近 100 萬元，在 30 元的價位買 33 張，以自己以往的經驗，針對單一個股，會在同一個時間點買入數十張，那就是一開始就抱持著做價差交易的心態進行。

若很幸運地，買進後就上漲，那就可以免除每天開盤提心吊膽的心情，但還是會時時刻刻擔心煮熟的鴨子飛了，通常重押後，操作會貼著盤面很近，只要獲利 5％〜10％就會賣光光，所以並不可能有機會等到 600％以上的報酬。

事實上，在 2020 年的 3 月遇到疫情爆發，當時南帝跌到 22.4 元，以成本價 30 元計算，此時帳面上的損益是 25％，也就是說 100 萬的資金只剩 75 萬，很難保證以波段價差交易的心態下，不會因恐慌而賣出。所以朋友的那句話，其實是完全不成立的。

14 日常資金與股利運用

手邊只留預備金，其餘投入股市，用錢賺錢

在日常的資金運用上，自己身上只留 5％～ 10％的預備金，大部分的資金都會投入股市。手上要留多少現金才夠，這與現金流穩不穩定、個人的安全感與消費習慣有關，主要以不要影響到自己的日常生活就好。我自己是一般上班族，相對於自營業者，現金流算穩定，以過去的生活模式與經驗，這個比例是可以不對生活造成困擾。

對於累積資產的過程中，減少不必要的生活開銷與物質生活是有必要的，省下來的花費都是幫助建立投資部位的好幫手，而這些資金有機會不斷成長，用錢去賺錢，當想到這邊，就會有忍不住想要多買些零股的衝動。

身上保留相對少的現金，配合分散標的投資，我認為這個方式是積極與保守並重。因為分散標的能做到分散風險，使自己可以在沒有壓力的狀況下，將每月部分薪水及每年的股息，持續投入股市，增加股票資產。

通常可以用來投資的資金，自己不會放在身上太久，因為本身持有多檔股票，按照選股及加碼原則，不管當時大盤指數高低，都會有可以買進的標的。

分散持股具備分批領息的優點，股息約可以從 4 月領到 11 月，這也剛好可以讓自己將股息再投入的過程拉長，不會短時間建立在同一個部位上，因為分批買進，也是降低風險的做法。

可以節省，但不能過度犧牲生活品質

節儉絕對是累積財富路上重要的一環，父親也常對我說：「會賺錢不厲害，會存錢才是師父。」省錢固然重要，但心中要有一把尺，至於要怎麼拿捏，就要回到「想要」

還是「必要」的課題，這邊就不贅述。

記帳是個很好的方式，可以清楚的了解自己每個月的金錢流向，但其實我不記帳，對我而言，清楚自己不會亂花錢就夠了。

每個人的價值觀、物質欲望、消費的模式與從小到大的家庭環境息息相關，自己很慶幸生長在一個鄉下的農村家庭，長輩都是務農維生，對於農夫而言，「節儉」與「不浪費」可以說是一種天性，在這種環境的薰陶下成長，對於自己出社會後的財富累積有很大的幫助。

「賺少就花得少，賺多就花得多」這句話聽起來，好像是隨著收入的提升，就會開始亂花錢，讓人有一種奢侈的感覺，但我認為不完全是這樣。

追求更好的生活品質是人類的天性也是一種需求，像剛出社會的我，尚未結婚，自己只要住在 3 ～ 5 坪的套房就可以生活，隨著年紀增長、工作經驗增加，收入也變多了，再加上結了婚後有了小孩，為了維持一定的生活品質，房子就更換成家庭式的住宅環境，所以支出也相對增

加了。

　　但這一點都不奢侈，而是必須，也是維持一個正向循環，當生活品質維持在一定的水準，對於個人的身心狀態都有幫助，讓自己的身心保持在良好的狀態，自然也就能更加專注本業，努力在職場上打拚，爭取更高的回報。

15 槓桿投資要三思

　　這裡要談一下槓桿投資，但並不是要鼓勵槓桿操作，而是要提醒想這樣做或已經正在做的投資人，必須注意的細節。

　　注意借貸投資這件事是兩面刃，「要不要、能不能借錢投資」這個問題當然沒有標準答案，使用信用擴張會賺錢或賠錢就跟股市的行情一樣，未來會漲或會跌沒人能預測的準。除了投資人本身的個性與觀念，還有許多外在因素，會影響到使用借貸投資與否能賺到錢。

　　首先是觀念的部分，有些投資人的理財觀念比較保守，只使用閒錢進行投資，這有可能是與自身經歷有關，或是從小耳濡目染、聽取長輩的慘痛經驗而來，又或是看到媒體報導過度信用擴張，導致破產的新聞。其實這種理財觀念很正確，沒有什麼不好。

　　如前文提到的，投資股票的風險已經相對大，若是穩健投資的心態沒有建立好，就進行借貸投資，風險就更大了，甚至可能讓你一無所有。所以一定要先了解風險後再進行。

股市新手絕對不要槓桿

　　大多數剛進入市場的投資人，都會為了想要賺快錢而進行短線的價差操作，雖然我也遇過，一踏入股市就極度保守，一心只想著存股的投資人，但算是相對少數。

　　而這些極度保守的新手，自然也不會有想開槓桿的心態，比較可怕的是心態尚未成熟，一心只想著發大財的人，就如同幾年前的我，賺到一些小錢，就容易膨脹，覺得自己搞不好就是那個萬中選一的少年股神，理所當然就開啟桿槓踏入市場了。

　　短時間重押少數幾檔標的，對於市場的波動容易有大起大落的心情起伏，只想著今天買明天就賺錢，甚至是早

上買下午就賺錢，不想要靠著時間複利的效果，結果就是常常以大賠收場，而這些交易往往都有幾個共通點：

1. 想要更快速賺到錢

2. 想要再賺更多錢

3. 帶有情緒性的操作

4. 無限制的凹單，不想要賠錢

而前述 4 點，我認為就是所謂的不成熟心態，其中又以「想要更快速賺到錢」最常見，畢竟這就是人性，很難克服，只有從每一次賠掉的學費，慢慢讓自己了解自己的渺小，在短線交易一買一賣的背後中，有多少大戶、主力、外資、投資機構等，大家都想要賺錢，那自己有什麼本事贏過他們？答案是完全沒有！

所以短線操作上，就只能受市場情緒影響，不斷的繳學費，散戶唯一有的優勢，應該就是時間，若再跟時間站在反方向，那長期下來，要賺錢的機會真的極低，在勝率極低的狀況下，開啟槓桿，無疑的就是加速滅亡。

不要想抄底，避免資金全部押注

所謂穩健的投資，即是要先清楚自己不可能是那位萬中選一的抄底奇才，針對任何單一個股，不管在任何時期，都不要全押，萬一走勢不如預期，在數日或數週內就可能產生 20％～ 30％以上的虧損。

當虧損來到 30％，就需要 43％以上的獲利才能回到成本，而在短時間內，這樣的獲利績效是很困難的，更別說虧損來到 50％，需要 100％的獲利才能回本，幾乎是不可能的事。要避免這種事發生，採用分散投資與分批買進是很有幫助的。

借貸的週期與利率也是需要考量的重點，既然是要「投資」，週期當然是越久越好，因為對大多數的投資人而言，獲利都是靠時間累積來的，我認為需要最少數季，最好是數年以上的時間，這樣也才不會有短時間就需要獲利的壓力，影響自己投資的判斷力與節奏。

考量還款能力，不要成為生活負擔

利率就更不用說了，如果自己的投資績效沒有把握能超過利率，就不需要考慮了。例如過去的年化報酬假設是5％，那麼當利率高於 2.5％就需要衡量，因為借貸的利率會直接侵蝕到投資的獲利。

其他還需要注意的細節包含，工作現金流的穩定性，每月還款的錢，是用每個月的現金流，而不是用貸款出來的金額或是需要賣股還款，所以不能影響到日常生活。

負債比率（每個月的償債金額 ÷ 每個月的稅後淨所得）要在合理的範圍，當然所謂的合理會依每個人的生活方式不同而不同，一般而言，盡量控制在 40％以下，避免有突發狀況而影響生活品質。

2022 年開始進入升息的環循，中央銀行於 3 月 17 日決議升息 1 碼[*]，對於槓桿比例較大的投資人，或許一開始影響不大，但要考量到若接下來持續再升息，是否會影響

---

* 1 碼等於 0.25％。

到自己的還款能力。

股市沒有穩賺不賠，不要想靠借貸大賺一筆

借貸投資的心態，也是一大關鍵，若自己過去的平均投資報酬為 5％左右，雖使用借貸進行投資，但仍須按自己原有的投資方式操作，目標績效可以設定在 7％或 8％，而不是想著要有 70％、80％的報酬率。

想要靠借貸來大賺一筆，這種不切實際的想法，往往會走向投機之路，萬萬不可有。

慎選投資標的和分散風險也是很重要的一環，選股的策略亦可參考前文。當然，有一點必須要了解，即使上述的每一項都做到了，可以提高勝率，還是有可能會賠錢，要了解在股市裡沒有穩賺不賠這一回事。

借貸額度不要一開始就開到最大

假設在多方考量後，真的很想嘗試，其實也不是一定不行，但借貸的額度建議不要一開始就開滿，例如信貸可以貸出 100 萬元的資金，除非一直以來都有還不錯的投資報酬，不然建議可以試著先用 30％或 50％的額度就好。

經由一段時間測試自己的心理壓力變化，是否能在大盤連續下殺時，還能睡的安穩，投資績效是否符合自己的預期，再漸進式操作更多的資金。

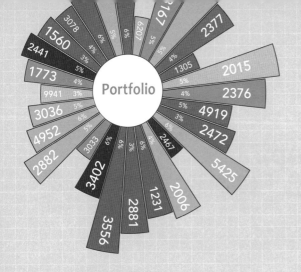

第 4 章

管理自組ETF，
沒有想像中困難

16 利用 App，篩選出「候選股」

　　上一章有提到我的選股標準，我是利用股票篩選 App（見圖表 4-1），將篩選出的「候選股」儲存在自己券商的下單 App 中，如此一來，打開券商 App 就能掌握「候選股」每天的股價表現，待股價來到自己可以接受的買點，便能直接下單。

　　市面上已有許多協助投資人進行多方面篩選的 App 或網站，有免費的，也有要收費的，每個人使用的需求不同，可以先了解是否符合自己需求，再決定是否購買。

　　但這也只是一個工具，股市裡並沒有辦法透過什麼神奇的指標或公式，保證篩選出來的標的一定賺錢，千萬不能把任何指標篩選出來的公司當明牌來看，包含本書中提到的標的。買賣前還是需要做些功課，才能抱的穩、抱的

久，對自己的金錢，也對自己的人生負責。

圖表 4-1　利用 App 篩選指標

圖片來源：台股價值站 App

評價股價是便宜、適中或昂貴的方式有很多種，例如本益比法、殖利率法、股價淨值法等，每種也都有各自適用的產業。

我喜歡看季線（60MA）這項指標，作為進場的參考，並不是股價靠近或是跌破季線，就一定可以買到最低、最

便宜的價錢，在股票市場中，永遠沒有絕對，只有相對。

當股價與季線乖離率越大，代表短期間可能有些利多的消息，例如公布配息時、公布營收時、法人報告調升目標價等，引發市場上投資人的注意，進而過度樂觀的追價買進，通常這時若跟著一起買進，就有可能將自己的持有成本建立在相對高的位置。

對於持續成長的公司，由於股價不斷上漲，可能現在任何時間點買進，日後回過頭來看都會是相對低的位置，但即便如此，短期追高的投資人，好幾個月內看到帳面上該個股一直處於虧損狀態，除非對該公司有很強大的信念，不然應該很難持續抱下去。

以我來說，當股價與季線乖離率過大，就不會考慮買入（見圖表 4-2 ～ 4-3）。

如前文所提，市場上沒有一個指標是絕對的，設定的乖離率過於保守，雖然可以降低買到相對高點的風險，對於成長速度較快的個股，就可能會錯過上車的機會（見圖表 4-4）。

至於乖離率該設定多少，就依每個人可以承受的風險
而定。

圖表 4-2　惠光日線圖

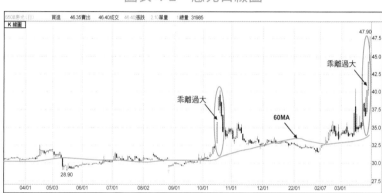

圖表 4-3　禾瑞亞日線圖

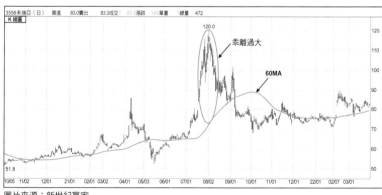

圖片來源：新世紀贏家

159

圖表 4-4　敦陽科日線圖

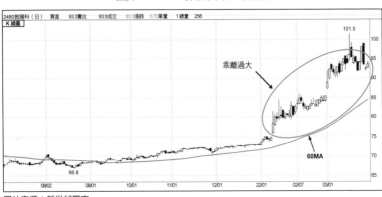

圖片來源：新世紀贏家

　　當股價與季線乖離小，表示買入的價位與近一季買進的投資人平均成本相近，以圖表 4-4 的敦陽科（2480）來看，2021 年 8 月～ 2021 年 12 月間，平均成本都在季線附近，且緩步向上，但 2022 年的 1 月後，我就會先觀望。

　　雖然追上去看起來在短期間內，極具投資效率，但在每筆交易前，自己還是會先將風險放在獲利前面。不是先想沒賺到怎麼辦？而是想著我會不會是山頂上的那一位，若因此錯過就錯過了，市場的機會永遠存在，沒有非要買到哪一次、非要哪一檔，很多時候就是寧可錯過，也不要做錯。

當然，若是操作波段的投資人可以清楚掌握上車與下車的時間點，那就另當別論了。

以過往的經驗來看，只要時間拉長，股票市場多數都是緩步墊高的，漲多了會拉回也屬正常現象，但在拉回的過程中，通常是越早在市場內的投資人，具備較低的持有成本，剛入市場幾天或幾週的投資人往往買入的成本相對高，當股價拉回修正也會比較痛。

也就是說，在市場上待越久的人，享有越多的低成本紅利，基於這個概念，當認定的公司體質沒有變差時，股價又修正到季線附近，等於是今天買與三個月前買的價格相近，晚入市場但又可以從同一個起跑點開始，以我來看，是滿有吸引力的。

有些人會更保守，想等到股價來到半年線，或是年線的位置再進場。在空頭市場，或許可以偏保守一點，但在多頭市場，很多時候會變成大部分的時間都在等待，而錯過一些很好的投資機會。

而買在離季線相對近的價位，不是就一定賺錢，賺不

賺錢主要是看選定的標的，再來是持有的時間。以圖 4-5
超豐（2441）的日線圖為例，當買在股價與季線乖離幅度
較大時，幸運一點的話只套牢幾個月，但也有可能數季甚
至 1 年以上都處在虧損的狀態，最終受不了心理壓力而停
損賣出。

當買在股價與季線乖離幅度較小時，優點是可以盡量
避免被「深度套牢」或是有機會減少帳面上虧損的時間，
擁有相對低的成本，對於後續再向下攤的資金，也比較不
會那麼沉重，整體而言，對初期持有者的信心是很有幫助
的，也就自然能提升勝率。

圖表 4-5　超豐日線圖

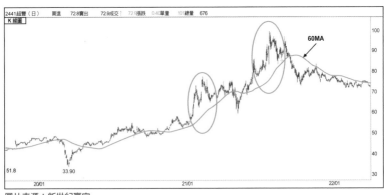

圖片來源：新世紀贏家

17 匯入資料，「獲選股」占比、成本一目了然

買進後的股票，則歸納為「獲選股」，其實就是庫存股，雖然每個券商的 App 裡面，都可以直接看到每檔庫存股票的損益與投資報酬率，但因有除權息、減資與增資等狀況，會使得成本價與報酬率在 App 上容易混亂，所以我習慣用 Excel 表格來管理自己的投資組合。

只要整理出一個格式，就可以重複套用在每檔個股上，有助於快速了解個股的占比與報酬率。以下分享我建立 Excel 管理自組 ETF 的方式 *。

匯入個股股價資訊

首先，先建立一個檔案，用超連結的方式，讓 Excel

---

* Excel 操作畫面為 Office 2010 版本。

可以每天收到最新的股價資訊（見圖表 4-6）。

Step 1 將工具列移到「資料」頁面

Step 2 點選 A1 欄位

Step 3 點選「從 Web」

圖表 4-6　建立接收最新股價的表格

檔案	常用	插入	版面配置	公式	資料	校閱	檢視

從 Access　從 Web　從文字檔　從其他來源▼　現有連線　全部重新整理　連線　內容　編輯連結

取得外部資料　　　　　　　　連線

A1　　　　　　　　fx

▲	A	B	C	D	E	F
1						
2						
3						
4						
5						
6						

Step 4 接著就會跳出一個需要輸入網址的對話框，在網址上輸入含有個股報價的網站。此處以台積電 2330 舉例，大家再依自己買的股票代號更換（見圖表 4-7）。

含有個股報價的網站參考：

鉅亨網：https://invest.cnyes.com/twstock/TWS/2330

Histock 嗨投資：https://histock.tw/stock/2330

台灣股市股票資訊網：https://stockinfo.tw/?stockSearch
=2330

Step 5 在網頁的右下角按「匯入」。出現匯入視窗
後，按下「確定」。

圖表 4-7　匯入個股資訊

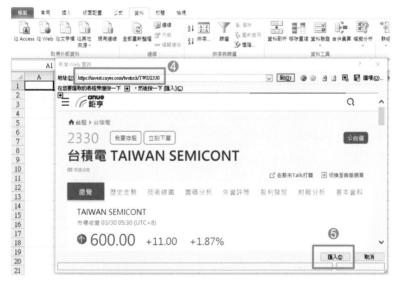

Step 6 此頁 Excel 就會出現圖 4-8 的內容，圖中 A360 欄位為每日的收盤價，有了這個資訊後，即可用來與自己的持有成本做比較。

圖表 4-8　設定收盤價位置，以便查詢

	A	B
355	昨收	
356	589	
357	開盤	
358	599	
359	收盤	
360	600	
361	本益比	
362	26.07	
363	本淨比	
364	7.17	
365	市值(億)	
366	155,591	
367		

經我長期觀察，隨著網頁不定期調整，收盤價不一定總是在 A360 的欄位，若直接讀取該欄位，可能需要不定期變更讀取位置，無法長期適用。

因此需要從中找到規律性，例如觀察收盤價上方的欄位，為一個不會變動的字串「收盤」，即可利用此字串，透過 Excel 的函數，找到可能隨時會變動的收盤價位置。

隨著自己的投資組合越來越多，為了一目了然，可將此分頁名稱更改為股票名稱。

Step 7 以上動作完成後，在每日收盤時間，按下「全部重新整理」按鍵，即可將個股的最新收盤價格代入自己的表格中（見圖表 4-9）。

圖表 4-9　按下重新整理，即能獲取每日最新資訊

建立買賣資訊與除權息資訊

　　了解如何自動更新收盤價後，接著就是創立自己的個股買賣資訊與除權息資訊（見圖表 4-10）。

圖表 4-10　記錄個股交易資訊

	B	C	D	E	F	G
1		台積電(2330)				
2	2021/3/17 （除息）	參加除權息股數	60	持股資訊	目前價格	600
3		股利	2.50		購買股數	120
4		股票	0.00		買進總成本	70942
5		總股利	150	配息資訊	歷年配股加總	0
6		總股票	0		歷年配息加總	1330
7	2021/6/17 （除息）	參加除權息股數	120		總股數(買入+配股)	120
8		股利	2.50		每股平均成本(扣息)	$582.752
9		股票	0		每股平均成本	$593.836
10		總股利	300		總損益	$2,070
11		總股票	0		投資報酬率	2.96%
12	2021/9/16 （除息）	參加除權息股數	160	2021/1/4	買進價格	536
13		股利	2.75		買進股數	20
14		股票	0		總成本	10729
15		總股利	440	2021/2/1	買進價格	611
16		總股票	0		買進股數	20
17	2021/12/16 （除息）	參加除權息股數	160		總成本	12231
18		股利	2.75		買進價格	609
19		股票	0	2021/3/2	買進股數	20
20		總股利	440		總成本	12191
21		總股票	0		買進價格	602
22		參加除權息股數		2021/4/1	買進股數	20
23		股利			總成本	12050
24		股票			買進價格	588
25		總股利		2021/5/3	買進股數	20
26		總股票			總成本	11770
27		參加除權息股數			買進價格	598
28		股利		2021/6/1	買進股數	20
29		股票			總成本	11970
30		總股利				
31		總股票				

C：績效顯示區

B：除權息記錄區

A：交易記錄區

各區資訊與儲存格公式如下：

A 區為每次買進股票時記錄。資訊包含買進日期
（E12:E14）、買進價格（G12）、買進股數（G13）與買
進成本（G14）。此外，A 區也可以應用於認購增資、減
資或賣股的情況。

B 區為除權息記錄區。一般年配息的個股僅需一年手
動記錄一次，但台積電為季配息，需要每季輸入一次配發
的股利，資訊包含每次參加除權息的股數（D2）、配發的
現金股利（D3）、配發的股票（D4），每次配發的總股
利（D5）=D2*D3，總股票（D6）=D2*D4*0.1[†]。

C 區則是績效顯示區。計算買進總成本（G4）除以總
股數（G7）與目前價格（G2）相比較，即可了解投資報
酬率（G11）。其中總股數（G7）= 購買股數（G3）+ 歷
年配股加總（G5）。

G11 的公式為 = ((G2*G7) - (G8*G7))/(G8*G7)

---

† 配股 1 元，代表每 1 股可以獲得 0.1 股的股票。

每股平均扣息成本（G8）＝（買進總成本 - 歷年配息加總）÷ 總股數 + 手續費及交易稅。

G8 公式為 = ((G4-G6)/G7) + G2*0.001425 + G2*0.003

每股平均成本（G9）＝（買進總成本 ÷ 總股數）+ 賣出的手續費及交易稅。

G9 公式為 = ((G4)/G7) + G2*0.001425 + G2*0.003

總損益（G10）＝（目前價格 × 總股數）-（每股平均扣息成本 × 總股數）

G10 公式為 = (G2*G7) - (G8*G7)

購買股數（G3）為 A 區交易記錄中，每一次買進股數的總合。

G3 公式為 =
SUMPRODUCT((MOD(ROW($G$12:$G$29) - 1,3)
= 0)*($G$12:$G$29))

SUMPRODUCT 函數可用來計算一段區間和條件的加總，此處指在 G12:G29 間，加總每次買進的股數。相同原

理，買進總成本（G4）也是運用 SUMPRODUCT 函數來
計算，加總每次買進的成本。

G4 公式為 =
SUMPRODUCT((MOD(ROW($G$12:$G$29) - 2,3) =
0)*($G$12:$G$29))

針對 B 區，參與過歷年的配股加總（G5）與配息加
總（G6），同樣可以使用 SUMPRODUCT 函數。

G5 公式為 =
SUMPRODUCT((MOD(ROW($D$2:$D$28) - 4,5) = 0)
*($D$2:$D$28))

G6 公式為 =
SUMPRODUCT((MOD(ROW($D$2:$D$29) -5,5) = 0)
*($D$2:$D$29))

目前價格（G2）透過前述說明的規律，可以表示如下：

G2公式為 =
INDIRECT("台積電!"&ADDRESS(MATCH("收盤",台積
電!A2:A500,0) + 2,1,4))

MATCH 函數會搜尋儲存格範圍中的指定項目，並傳回該項目於該範圍中的相對位置。也就是搜尋台積電分頁中 A2 到 A500 欄位中的指定項目——「收盤」字串，並傳回該項目於該範圍中的相對位置。

接著使用 ADDRESS 函數，根據指定的列和欄，取得工作表中儲存格的位置。

最後使用 INDIRECT 的功能，傳回文字串所指定的參照資訊。

上述一些 Excel 的函數應用，可以會比較難馬上理解，有興趣的朋友，可以試著先照著做做看，再變化出自己合適的表格。

假設持有 10 檔股票，將上述表格複製 10 份，並將每檔的買進總成本（G4）與投資報酬率（G11）單獨拉出來製作出另一個統計表，即可馬上了解各檔股票的投資報酬與占比，一眼就可看出哪些個股的績效是前段班，哪些是後段班，再依自己設定的規則進行加碼。

　　承上台積電的範例，圖表 4-11 中 I2、K2 即是圖表
4-10 中的 G4、G11，J2=I2/I12、J3=I3/I12，以此類推。
I12=SUM(I2:I11)，即所有買入股票的總和。可在 J 欄與 K
欄依大小排列。

圖表 4-11　將各股總成本與投資報酬率拉出比較

	G	H	I	J	K
1	數量	股票	買進總成本	百分比	投資報酬率
2	1	台積電	70942	13.36%	2.96%
3	2	鉅邁	50000	9.42%	5%
4	3	玉山金	100000	18.83%	10%
5	4	新巨	20000	3.77%	15%
6	5	第一金	30000	5.65%	20%
7	6	宏全	40000	7.53%	5%
8	7	詩肯	50000	9.42%	1%
9	8	中信金	70000	13.18%	4%
10	9	達興材料	60000	11.30%	25%
11	10	兆豐金	40000	7.53%	30%
12		總投入金額	530942	100.00%	

　　圖表 4-12 是我於 2022 年 3 月 30 日的投資組合紀錄。
此處僅列出報酬率前 30 名與後 30 名的個股，基本上，報
酬率排名前 30 名的前段班股票可以先不理會，值得關注
的是後段班，也就是報酬在個位數或是負值的個股，這些
也是當有資金可以投入時，會比較吸引我加碼的對象。

圖表 4-12　老吳投資組合中的前段班與後段班

正排名	股票	百分比	投資報酬率	負排名	股票	百分比	投資報酬率
1	新唐	0.78%	327.19%	1	寶雅	1.15%	-24.01%
2	東和鋼鐵	0.20%	316.21%	2	鮮活果汁-ky	0.76%	-19.57%
3	技嘉	0.72%	195.33%	3	全家	0.54%	-19.04%
4	凌通	0.50%	163.69%	4	中信中國50	1.12%	-14.71%
5	志聖	0.36%	147.95%	5	元大美債20年	0.64%	-8.83%
6	文曄	0.54%	146.43%	6	群益NBI生技	0.57%	-7.73%
7	勝一	0.76%	144.67%	7	花仙子	0.49%	-7.59%
8	聯華食	0.59%	144.58%	8	中信高評級公司債	0.61%	-7.08%
9	海韻電	0.48%	134.34%	9	統一	0.41%	-6.97%
10	大量	0.51%	128.19%	10	南帝	0.35%	-6.08%
11	中砂	0.85%	123.82%	11	穩懋	0.47%	-5.84%
12	聯華	0.59%	113.05%	12	桂盟	0.32%	-4.93%
13	禾瑞亞	0.68%	105.16%	13	聯詠	0.77%	-3.83%
14	超豐	0.60%	103.17%	14	環球晶	0.38%	-3.39%
15	富邦金	0.65%	102.33%	15	漢唐	0.89%	-3.27%
16	裕融	0.47%	102.09%	16	日友	0.66%	-3.07%
17	豐興	0.77%	101.75%	17	威強電	0.74%	-3.03%
18	漢科	0.43%	101.30%	18	櫻花	0.33%	-1.80%
19	盛群	0.98%	98.58%	19	精誠	0.27%	-1.69%
20	華夏	0.31%	97.81%	20	廣隆	0.28%	-1.57%
21	台半	1.30%	95.29%	21	中信中國高股息	1.14%	-1.56%
22	僑威	0.36%	82.31%	22	立端	2.52%	-1.34%
23	揚博	0.40%	80.56%	23	信錦	0.63%	-0.92%
24	威健	0.29%	77.40%	24	裕日車	0.39%	-0.89%
25	立隆電	0.60%	76.17%	25	邦特	0.49%	-0.70%
26	國泰金	0.59%	73.73%	26	富邦印度	0.39%	-0.67%
27	中鋼	0.33%	71.64%	27	元大未來關鍵科技	0.33%	-0.52%
28	微星	1.24%	71.37%	28	大統益	0.35%	-0.20%
29	上奇	0.56%	70.32%	29	力成	0.75%	0.14%
30	大聯大	0.56%	66.46%	30	統一超	0.47%	1.10%
前30名百分比	18.00%			後30名百分比	19.22%		

　　加碼必須有限制，我目前的做法是，單一檔個股的投
入百分比不超過 3%。當大盤明顯回檔時，可以很明顯的
感受到分散風險的效果，長期下來不僅能安心持股也不需

要盯盤，可以專注本業。

以圖表 4-12 中報酬率最後一名的的寶雅（5904）為例，寶雅是投資報酬率的倒數第 1 名，但其百分比相對其他個股已略高，因目前我設定每檔個股的最高占比是不要超過 3％，雖然還有加碼的空間，但在接下來的向下攤平策略中，就必須在頻率與金額上多留意。

寶雅的獲利表現，2021 年 EPS 為 18.25 元，雖相較於 2020 年 EPS 20.97 元略衰退，依基本面來看，雖成長減緩，但仍不到自己停損的標準。

許多投資人會問，買這麼多檔股票，在加碼時，會不會很難決定要優先選擇哪個標的，其實若在投資報酬率與百分比兩個指標的輔助下，建立出自己的加碼邏輯並不會太難。

以我來說，在負排名的名單中，百分比仍較低（＜0.5％），且配合基本面，近兩季 EPS 不為負值的個股，都會是我優先考慮加碼的對象。

18 財報數字表現不佳，移往「淘汰股」

　　當持有的標的越來越多，就需要工具協助整理與管理。

　　是否準備停損換股的時機，除了第 3 章提到的連續兩季 EPS 為負值、連續兩年 ROE 大幅衰退或是持續遞減、持有超過一年，帳面虧損仍超過 30% 等較長時間的觀察，在每一季企業公布財報數字後，我也會觀察個股近四季 ROE 的數字變化。

　　由於是每季才看一次，所以其實不會花很多時間，透過 App 將持有個股的近四季 ROE 由低到高排列，針對不到 10% 或是 10% 左右的公司，近一步了解其原因即可。例如低 ROE 是因為一次性的認列業外損失、或是有逐季減少的問題，同時也可配合毛利率的季變化（Quarter on Quarter，QoQ）與 EPS 季變化來看（見圖表 4-13）。

其中金融類股必須配合資產報酬率（ROA）一起觀察，許多金融股的存股達人已有詳細的說明，可以於網站上搜尋參考。

圖表 4-13　管理投資組合，掌握表現不佳的個股

〈自選組合	自選名單1	⇩	編輯		〈自選組合	自選名單2	⇩	編輯		〈自選組合	自選名單3	⇩	編輯
	近一季毛利率	近一季營益率	近四季ROE	近四季ROA		近一季毛利率	近一季營益率	近四季ROE	近四季ROA		近一季毛利率	近一季營益率	近四季ROE	近四季ROA
千附	19.8%	-51.3%	-3.4%	-2.3%	合庫金	79.7%	30.5%	8.8%	0.5%	元大期	46.5%	8.0%	7.1%	0.9%
金洲	28.4%	9.6%	9.3%	6.4%	華南金	77.5%	26.5%	8.8%	0.5%	新保	35.2%	12.7%	9.1%	6.1%
永豐金	77.3%	30.3%	10.2%	0.7%	聯華	11.5%	3.9%	9.4%	7.6%	建準	19.5%	5.9%	9.6%	4.2%
緯穎	14.6%	8.7%	10.5%	6.2%	方土欣	24.3%	8.3%	9.8%	5.6%	曜亞	37.6%	17.0%	9.7%	6.4%
玉山金	79.9%	31.6%	11.0%	0.7%	台新金	56.9%	15.9%	10.6%	0.9%	永信	46.7%	12.3%	11.3%	6.4%
威強電	28.5%	8.4%	11.1%	7.7%	互盛電	27.5%	13.1%	11.7%	7.3%	志聯	32.6%	2.3%	12.0%	5.5%
福興	16.8%	7.3%	11.2%	7.6%	農生	35.4%	19.4%	11.8%	9.4%	固緯	50.7%	13.9%	12.2%	7.5%
凱鈿衛	31.6%	11.8%	12.8%	8.8%	中信金	52.1%	16.2%	12.1%	0.8%	中聯資源	12.8%	8.4%	12.5%	4.7%
嘉里大榮	18.4%	13.6%	13.3%	7.0%	南僑	31.0%	8.6%	13.2%	5.5%	盟立	17.7%	4.8%	12.8%	4.7%
艾訊	31.6%	6.4%	13.7%	8.5%	德勝	28.4%	12.2%	15.1%	11.8%	緊碩	13.7%	4.1%	13.2%	7.2%
大庫隆	47.4%	20.5%	14.3%	8.7%	惠元	29.2%	20.3%	15.5%	13.5%	資通	48.0%	26.0%	14.5%	8.8%
揚博	28.7%	17.8%	14.3%	9.2%	京元電子	32.7%	22.3%	16.3%	9.4%	三聯	20.3%	7.2%	16.3%	9.2%
宏全	19.6%	8.2%	14.5%	6.6%	亞泰	16.2%	11.3%	16.4%	11.4%	國泰金	29.3%	14.9%	15.5%	1.2%
中砂	33.5%	17.9%	14.7%	7.6%	雷科	29.6%	11.0%	16.9%	7.1%	精技	8.6%	2.2%	15.8%	7.5%
立端	26.5%	11.5%	15.5%	7.5%	大聯大	3.6%	0.8%	17.0%	5.3%	距達	46.6%	22.2%	17.0%	13.0%

圖片來源：台股價值站 App

以圖表 4-13「自選名單 3」中的建準（2421）為例，因其近四季（2021 年第一季到 2021 年第四季）的 ROE 為 9.6％，2021 年度的每季毛利率都低於 2020 年，整體營運主要是受到台幣升值、原物料上漲與產線遷移等因素影響（見圖表 4-14）。

圖表 4-14　建準季度財報數字

季度	每股盈餘	稅後淨利率	營益率	毛利率
2019Q1	0.20	2.0%	2.7%	19.4%
2019Q2	0.63	5.8%	5.8%	21.6%
2019Q3	1.03	7.9%	8.9%	23.3%
2019Q4	0.87	6.7%	8.5%	23.4%
2020Q1	0.39	4.3%	3.8%	21.4%
2020Q2	1.48	10.3%	11.9%	25.7%
2020Q3	0.93	6.6%	10.6%	25.0%
2020Q4	0.61	4.5%	6.6%	20.9%
2021Q1	0.37	3.1%	2.0%	17.5%
2021Q2	0.30	2.2%	1.9%	18.9%
2021Q3	0.35	2.5%	3.4%	18.7%
2021Q4	0.69	4.7%	5.9%	19.5%

圖片來源：台股價值站 App

　　近一步觀察匯率的走勢，確實在 2021 年，台幣兌美元處於一個相對強勢的狀態（見圖表 4-15）。因這些都是過去式，不是什麼第一手消息，在網路發達的現今，要查到更多的資料並不難，也不會花太多時間，甚至已有很多選股達人分析更精闢的看法，對於大部分的投資人可以說是一大福音。

圖表 4-15　台幣兌美元匯率走勢圖

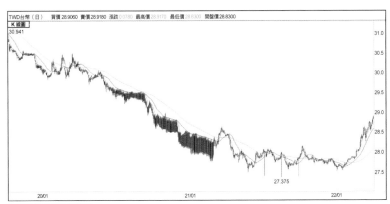

圖片來源：新世紀贏家

　　此處以建準為例，說明觀察流程，但方法可適用於不同標的。流程如下：

1. 找出近四季 ROE 後段班的同學

2. 進行資料蒐集並了解其原因

3. 持續觀察再決定要持有、加碼或賣出

　　長期持有並不需要太在意每月營收的變化，關注每一季即可。以建準為例，我的做法是，2022 年持續觀察每一季的 EPS 與毛利率變化，再決定持有、加碼或賣出。

　　這裡還是要提醒一下，財報數字都是落後指標，但
公司的未來發展與政策變化，除非是內部人或研究較深入
的投資人才會了解，我覺得一般散戶，若以長期持有為目
標，這些落後指標就具備一定的參考性。

第 5 章

慢慢致富，
更快財務自由

19 長期存股，
須堅定持股信心

持有成本越低，越能平心看待股價漲跌

　　持股信心，是長期投資的要素之一，當選定一家好公司後，是否能抱好抱滿，就跟持股信心度與分散風險息息相關。

　　當持有的成本越低，持股信心就越強。舉例來說，我在 2019 年 12 月 10 日買了一張新唐（4919），買入價格為 46.9 元，同時在 2020 年參加其現金增資認股價格 38 元（214 股）。

　　經過 2020 年及 2021 年的配息後，成本來到 44.38 元，秉持長期投資的心態，持有至 2021 年 12 月，約有 220％的報酬率，但因現價已離成本太遠，就不再追加持股了。

2021 年 9 月 2 日新唐來到高點 175 元，接著股價進行修正，至 2021 年 10 月 5 日來到波段低點 115 元，回檔了 60 元，約是 34％的跌幅。

對於初期的長線投資人而言，若是成本高於 115 元或在 115 元附近，看著損益從賺錢到賠錢，從 -10％、-20％，甚至到 -30％，心裡面難免會有疑問：「我真的選對公司嗎？為什麼會賠那麼多錢？」

對我來說，當持股成本很低（44.38 元），股價從 175 元跌到 115 元，報酬從 293％滑落到 159％，對我的影響並不大，只要個股還是正報酬，基本上就不需要太關注，更何況，即使股價經過 60 元的修正後，帳面上還有 100％以上的報酬，持股的信心就更難撼動了。

此外，如同前文提到的，大部分報酬高於 20％以上的個股，是屬於表現良好的前段班同學，比較不會一直關注他們。

但當持股報酬長期處於虧損，信心難免會動搖，但很多時候，不是因公司體質變差，而是持股成本太高。

　　降低持股成本可以透過當股價低於成本價時買進，或是參與配息來達成，若報酬已是正值，那就僅剩參與除權息可以降低持股成本，故持續參與好公司的除權息是長期投資相當重要的一部分。

自己認同的標的，才會抱的久

　　我的經驗是，持股的信心除了與「持有成本」有關，再來就是與「買進的原因」有關，若是只憑「聽別人說會漲」或「聽朋友說有接到大單」之類的「聽說」，不在意公司的過去表現，那麼當買進後，股價一旦下跌，就很容易因恐慌而賣出，若如期上漲，也抱不久，稍有拉回就會趕快賣掉。

　　若是幸運賺到價差，那就謝謝朋友；若是賠錢，就算朋友來道歉，也無濟於事。買進一家公司前，雖然不需要攤開財報來一頁一頁研究，但過去的指標例如 ROE、EPS 與配息政策等至少也要了解，做一點功課後再買進，畢竟

投資的錢都是辛苦賺來的，多了解一些，就能多一些安定感與保障。

2019 年上半年，有一位好心的朋友跟我說：「我覺得台積電可以買，你要不要買。」那時台積電的股價約 250 元，但對當時的我而言，還沒有突破高價股的心理障礙，我幾乎都不買超過 80 元股價的個股，加上對台積電存在低殖利率的迷思，所以就不把朋友的話當一回事。

事後台積電股價果真有如神助，兩年內衝到 679 元，這麼大的漲幅，若當時有買早就賺翻了。但真的是這樣嗎？

其實若當時只因聽了朋友的幾句話就買入，自己沒有做過功課，沒有打從心裡認同這間公司，持股信心是很低的，買完後，不管股價漲或跌，不僅抱不久，又會增加心裡的負擔。

所以若當時買進 250 元的台積電，即使有賺錢，也會賺不了多少就賣掉了。當自己能接受高價股，並了解台積電的競爭力時，台積電已來到約 600 元，此時股價雖然遠高於 250 元，但反而買起來更有信心，當然對於高價股，

自己都是採零股分批買進的方式，在心理上與金額上都比較沒有壓力。

依選股指標判斷，不受短期漲跌影響

2021 年 5 月，長榮股價來到 80 元，朋友又跟我說，這是大行情，要我快點「上船當水手」。此時我用自己的選股指標檢視：公司連續 10 年以上 EPS 為正值、ROE 連續 5 年 >10％等，但都不符合我的選股標準，所以長榮從未納在自己的「候選股」名單中，自然也不敢買。

然而長榮在 2 個月內瘋狂飆漲，自己在 80 元沒買，上漲過程自然也就越不可能想買進。看著朋友賺錢，自己也覺得開心，此時我再回頭想，若重來一次，我也不會買進，畢竟，操作波段與重押個股、想要一夕致富的心態，自己不是沒有嘗試過，經歷一遍又一遍的失敗、一次又一次的受傷，其實早已沒信心，也死了這條心了。

不貿然買進不符合自己選股指標的股票，因為即使會

賺錢，也賺不了多少，賠上的是更多內心的煎熬。當擁有較低成本的優質公司，不管是遇到大盤的集體修正或是單一利空事件，都可以較無感的度過。

另一個例子是技嘉（2376）。我在 2019 年 12 月 26 日買進一張，價格為 50.6 元，經過 2020 年與 2021 年配息（2,200 元 + 5,000 元）後，成本約來到 44 元。

但在 2021 年 5 月，技嘉因一則廣告字眼引起爭議，進而引發中國大陸的抵制。股價受此利空消息，從 2021 年 5 月 3 日盤中最高的 134.5 元，陸續跌到 2021 年 8 月 20 日最低來到 80.5 元，幾乎讓 2021 年的漲幅回到原點，自己的報酬率則是從 205％回到 83％，因報酬率還大於 20％，還在自己認定的「不太需要關注的個股」名單中，就持續抱著（見圖表 5-1）。

到了 2022 年 4 月 1 日，收盤為 130.5 元，報酬又回到了 196％，而自己只是放著什麼都不做，就可以達成資產的累積，並且不會影響到日常生活，是很適合自己的方式。

圖表 5-1　心態不受股價波動影響

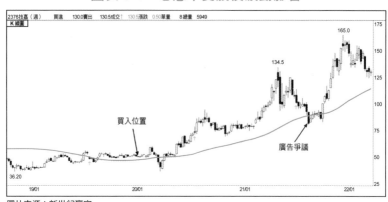

圖片來源：新世紀贏家

　　因持有的張數不多，針對單一個股，不管它多會漲，
其實對被動收入並沒有太大的幫助，既然是長期穩定發放
股息的公司，排除類似南帝因新冠肺炎疫情造成短時間獲
利大爆發的現象，其餘就安心放著。也正因為持股分散，
單一個股張數不多的原因，使自己更耐的住股價的波動。

　　買進後只是放著就順利累積資金的個股，其實還滿多
的，截至 2022 年 3 月 31 日，持股報酬超過 50％的個股有
44 檔，占了自己總投入資金的 25.72%。

被情緒牽著走，判斷容易失準

只要是人就會有情緒起伏，特別是越在意的事，情緒越容易受影響。我以前在進行期貨或是波段操作時，當看多買進後，指數或股價一直往反方向走，初期一定是先加碼攤平，若方向不見回頭，越攤平心理壓力就會越大，直到受不了停損時，都已經是很嚴重的損失了。

此時心裡就會有一種不平衡的想法：「可惡，害我賠這麼多錢，既然這麼會跌，那就換做空單。」只因為不開心、不甘心，就反向進行空方操作，而這種帶有情緒化的操作，往往不夠理性，容易再賠更多錢。

所以平常心也是很重要的投資心態，確認好價位，買進後就長期持有。

20 時間是累積資產的好朋友

保持正向心態，剩下的讓時間幫你完成

存股或許並不一定要十年才有辦法磨一劍，但絕對也不是今年存，明年或後年就立刻有豐碩的成果，只能說建立好心態，隨著股息與本業收入不斷的投入，讓時間發酵，複利發威，慢慢的讓股票資產長大。

我的背景不是金融科系，許多太過專業的專有名詞也不一定聽的懂，太複雜的避險操作、套利操作也不會，但投資股票有趣的一點就是，對一般散戶而言，很多時候積極的操作與報酬率是成反比的，時間才是勝率與報酬率的好朋友，只要心態正確，觀念正確，其實就只剩投資時間長短的問題。

投資最終的目標就是讓自己和家人過更好的生活，股票投資能帶來被動收入，一直是很吸引人的一部分，即除了上班的主動收入，還有另一收入來源。

但在被動收入尚未大於主動收入之前，就必須更努力充實自己，唯有更努力工作，讓自己變得更有價值，才能有更多的資金可以投入股票市場。持續不斷的投入資金，擴充股票資產，是存股的重要功課之一。

長期資產的累積，不是靠著投入少少的錢，期待賺到高報酬，而是當資產夠龐大時，僅需要有 5％以上的報酬，就會有很可觀的實際獲利。

有些朋友曾誤解我花太多時間在經營粉專、投資、寫書，反而荒廢本業。其實不然，投資就目前對我來說，只是興趣而不是主業，這個興趣可以幫我賺到錢，但並不打算、也沒有能力將此興趣變成自己的主業。

也正因為有了投資理財這個興趣，反而讓我更專注在本業上。寫書期間，幾乎都是利用每天睡前的一小時，一段一段慢慢累積出來的，而且很常邊寫邊打瞌睡，但因為

是興趣，所以犧牲一些自己的睡眠時間，仍覺得值得，這或許就跟以前，尚未對投資理財感興趣的我，雖然熬夜玩線上遊戲，但也不會覺得累。

隨著興趣的轉移，這些時間就換成在粉專上分享自己的投資心得與記錄自己的投資過程。

在自己投資的標的中，每檔占比都不會太高，所以就算有單一檔績效突破 100％，對整體績效的貢獻也是有限，若漲高賣出，可能也就賺到幾萬元。

若有 10 檔甚至 20 檔以上的高績效，就會有較顯著的提升，而有這樣的成績，並不需要太厲害的操作，不用太嚴苛的選股條件，只需要長期持有與不追高買進的心態，配合大盤在多頭上漲的時期，並不會太難達成。如前文所提到的，我並不是想僅持有台股頂尖的公司，而是想找出 1,744 家中，穩定獲利的公司，進行投資。

「努力一定會有回報」原以為這句話 100％沒有問題，但沒想到卻不適用在投資上。因為當努力的方向錯了，是很難有正向的回饋，例如自己一開始很努力短線進

出、每天拚了命地在 K 線圖上畫線，很努力的記錄籌碼變化，或許這些方法對有慧根的投資人是可行的，但在自己身上始終沒有相對應的回報。

直到更改方向，進行長期持有的投資方式，才發覺若是用了不適合自己的方式進行投資，即使再努力，也只是白費時間與浪費辛苦賺來的錢，而找到適合自己的投資方式，每天優雅自在，就可以隨著市場的起伏，獲得相對應的報酬。

賠錢的主因，多來自想快速致富

人都是健忘的，還記得當初我大學三年級要準備研究所時，老師說過：「記住你們當下，想要考上研究所的動力，因為這個動力往往會隨著遇到的困難、外界的誘惑及漫長的時間，使得初衷漸漸消失，若發現有這個現象，記得提醒我，我會再來看是要激勵或是羞辱你們，受些刺激，可以讓你們又充滿動力。」

　　果真隨著準備的時間一個月一個月的過去，每當自己的信心開始動搖時，受到老師善意的羞辱，就會有一種不能放棄，我一定可以完成的正能量出現。後來我發現在存股的過程也是一樣，即使懂了複利的重要、了解慢慢來比較快，但畢竟這是更漫長的一條路，走著走著，心中難免也會有雜訊出現。

　　必須時常提醒自己，莫忘初衷，不要走回頭路，遠離以前想要一夕致富的自己，就可以遠離大賠的下場，初衷是長期持有、累積資產、累積被動收入──股息。

　　能否堅定地存股，與投資的心態息息相關，即把風險擺在獲利之前，長期留在市場，享受市場的起、承受市場的伏。

　　朋友曾經問我：「為什麼你存股這麼有耐心，一定是跟個性有關，像我沒耐心，就不適合存股，培養耐心有沒有什麼方法？」對我來說，在存股路上，培養耐心最快的方式就是「賠錢」，特別是賠到生無可戀的時候，存股之路就會更加堅定。

存股跟電動遊戲練等級打怪不同，一般的闖關遊戲，新手打的怪物都是很弱的，隨著角色等級越練越高，裝備越來越高級，遇到的怪物才會隨之增強。

存股卻剛好相反，對於新手而言，一踏入存股，就會遇到大魔王——心魔，存股前期也是最難熬的時期。

心魔包含，覺得存股賺錢太慢、資產累積無感等，但這些都是必經過程，一般小資上班族存股要有感，真的沒有想像中那麼快，這是無法改變的事實，但可以改變的是自己的心態與格局，讓自己有堅定的信念，存股並不是為了貪圖短時間獲利的小確幸，而是退休後源源不絕的被動收入。

存股後，基本上生活不會有什麼不同，還是一樣要在寒流來臨時，早上努力爬起來上班、吃同一家便當店、到同一家鞋店買鞋。對一般上班族而言，存股不是投一筆錢後就不理它了，因為決定最終的獲利數字，不是來自於高的報酬率，而是投入資產的累積，所以應該要專注自己的本業，想辦法讓自己每個月能有更多的資金投入。

　　物理學家阿爾伯特・愛因斯坦（Albert Einstein）曾說：「全天下最愚蠢的事，就是每天不斷地重複做相同的事，卻期待有一天能出現不同的結果。」這句話不僅適用於物理科學，用在投資上，也很貼切。

　　我在存股前，總是賺少賠多，每次交易都在做同樣的事：看錯後無止盡的凹單、怕不買到就追高買進、想快速賺錢所以短進短出、一解套就賣出等。心態沒改變、方法沒改變的情況下，卻天天妄想著自己可以從賺少賠多，變成賺多賠少，甚至能只賺不賠。

　　現在回想起來，真的是天真且愚蠢的事。投資賠錢總會有原因，想要得到不同的結果，就必須找出原因，並且修正它，而根據經驗，大部分的原因，都是「太想要快速賺到錢、太貪心」。

不搶短線，視報酬率高低投入成本

　　2021 年除了航運是熱門話題，景氣循環的鋼鐵類股也

出現了大波段的漲勢，身邊操作波段價差的朋友，有搭上順風車賺錢的，也有坐到最後一班車賠錢的。

短期影響鋼鐵類股的股價因素很多，包含了原物料的報價、中國的綠能政策、美國的基礎建設政策等，想要跟上這段行情，是需要做功課的，在持有期間，需要不斷關注國內外的相關消息，這樣的投資方式並不適合我。

我自己也持有三檔鋼鐵股，分別在 2019 年 9 月 6 日買進豐興（2015）一張，價格 54.3 元，2019 年 11 月 18 日買進一張東和鋼鐵（2006）與一張中鋼（2002），價格分別為 21.7 元與 23.3 元。到了 2021 年 12 月中旬，這三檔的含息報酬率依序為 74％、185％、56％。

按照我的操作方式，報酬率超過 20％的個股，就會暫停買入，畢竟持有的標的較多，還有許多低基期，或是可以降低成本的個股可以買入。

套句分析師常說的話：「個股輪動，漲再多的盤，也有沒漲到的個股。」自己不喜歡追高，通常是針對持股中較弱勢的個股分批加碼。此做法的缺點就是無法順勢加

碼賺到大波段的錢，但「波段操作」這點，自己相當不在行，往往因停利點沒設好，或是想要多賺一些，隨著股價上漲，也跟著向上購買，使得持有成本拉高後，最終從原本賺錢變成賠錢。

因此暫停買入報酬率超過 20% 的個股，對自己而言的好處是，不會因為短期或是中期的利多因素，將長期持有的成本拉高。當然 20% 不是一個絕對的數字，目前設定這個數字僅是因為在 2022 年初這個時間點，整體的報酬約在 30% 左右，因此定下相對的數字。

其實當初這三檔鋼鐵股，只有豐興符合自己的選股標準。東和鋼鐵的 ROE 從 2012 年～ 2019 年都沒有超過 10%，買進的原因，是因為近幾年皆穩定配息 1.1 元～ 1.6 元不等，而股價都在二十多元，雖不是成長股，但也是穩定獲利的公司。

而中鋼就僅是每年到了發放股東紀念品期間，新聞上充滿著中鋼會發放什麼紀念品，造成轟動排隊等消息，抱著心想乾脆自己也來買一張，以後每年也都可以領到紀念

品想法。雖然中鋼的 ROE 一直以來也是偏低（＜ 10％），但股利或多或少也都是年年發放，帶著長期領紀念品與股利有一天會回本的心態買進。

還記得在多年前，自己曾看到投資教學中出現：「千萬不要為了股東會紀念品而去買一間公司的股票。」那時候心裡想，會有人這麼誇張嗎？沒想到多年後，我就是那個人。但對於東和鋼鐵與中鋼，我想傳達的是，長期持有穩定配息的公司，其實勝率很高，就算是過去表現並不是那麼出色，都是有機會賺錢的。

分批向下買，長期來看效率極高

技術派的投資人主張買在起漲點，例如股價突破前高點、突破大量或是底部成型等，這樣資金才是有效率的應用。這聽起來很美好，但自己就是沒天分，學不來，所以我選擇「分批向下買」，當股價的趨勢向下，何時反轉或許有些蛛絲馬跡，但沒人說的準，可能數月或是數季，預

測股價的漲跌似乎沒什麼意義。

看起來向下買的過程中，資金的運用比較沒「效率」，但把期間拉長，前半年沒效率，並不代表後半年沒效率。以穩定獲利及配發股利的公司而言，一、二年後，回過頭看，當時向下承接的資金效率是極高的。

例如我在 2018 年 6 月 29 日買進一張詩肯（6195），價格 56.2 元，隨後股價就展開了一大波段的跳水行情，自己也分批的向下接，分別是 2019 年 9 月 5 日買一張 37.2 元、2020 年 1 月 20 日買一張 38.25 元，不過股價持續修正到 2020 年 3 月才觸底，最低來到 24 元。當時看似資金無效率的向下買，但到 2021 年 12 月 30 日，含息的投資報酬率為 41％。

再舉另外一個例子，台半（5425）第一筆買進時間點為 2020 年 1 月 17 日，價格為 50.9 元，之後一樣一路向下跌，約 8 個月後，2020 年 9 月 7 日又買進一張，價格為 39.85 元，就放著直到 2021 年 12 月 30 日，含息的投資報酬率為 79％。

　　類似的案例在我持有的金融股身上也都上演過，如台新金（2887）、玉山金（2884）、中信金（2891）、第一金（2892）、兆豐金（2886），從 2019 年～ 2021 上半年，分批向下接，雖然都是少量持股，但放到 2021 年底，上述幾間公司，也都有 18％～ 51％不等的報酬。

　　這些個股未來的走勢無法預測，但至少目前可以確認，好公司分批向下買，並將持有時間拉長，是可以幫助提升獲利的。

　　投資沒有 100％的事，少數也可能因越往下買虧越多，我也有過這樣的例子，例如大億（1521）與雅茗（2726），所以如前文所說的，向下買是要建立在某些條件上。

　　存股跟存錢有相同點也有相異點，相同點就是「存」這個字，我的解讀是「長時間」做這一件事，存錢就是長時間的將錢放在銀行端，而存股就是長時間的持有，若非必要，盡量不賣出，但不是只能買不能賣，只要知道自己在做什麼就好。相異點是存錢可以把錢存入後就不需理

會，而存股是需要每一季定期檢視，特別是存個股。

一間公司的營運體質與獲利模式等基本面，並不會隨著每天股價的波動而改變，通常短時間影響股價波動的最主要因素為消息面，投資人很容易看到或聽到某些消息，也不管資訊是否正確，就直接加碼或減碼。

媒體上常常看到一些正面樂觀的用詞，如「營收未來將會有爆發性的成長」、「需求量將大增」、「渴望淡季不淡」、「獲利下半年將會優於上半年」等，這些都是相對模糊的說法，不足以作為買賣的參考依據。

21 面對股價波動，更須平常心看待

股市高點還可以存股嗎？

許多朋友存了一筆資金想要進入股市，但看著指數已來到 1 萬 8,000 點，又害怕一進場就遇到崩盤而套牢或賠錢。

在投入股市前，有風險意識固然很重要，套牢和賠錢在股市裡，幾乎是每個投資人會遇到的事，要享受獲利的同時，也要承受相對應的風險。

曾經有位朋友對我說：「你的投資方式，頂多就穩定領股息，要賺大錢，不可能。」就我聽起來，這其實是讚美的話，穩定領股息，並使每年的股息成長，積沙成塔就是自己的目標，而非低買高賣、賺取波段價差。因為已認清自己，辦不到後者。

當大盤上 1 萬 7,000 點、1 萬 8,000 點時，身旁的朋友也會一直有個疑問：「你覺得現在可以存股嗎？」「現在是不是太高了，不適合進場？」「若一進場就遇到股災，不就套在最高點？」之類的問題。

單看指數，真的是歷史高點，這是事實。但我存的標的，大部分是個股，細看每檔個股，股價就有高有低了，畢竟自己還是會有漲太高買不下去的心魔，當有比較出現，自然就能區分出來。

以 2022 年 3 月 31 日來看，指數 17,693 點，而許多個股其實還在相對低基期的位置，例如統一（1216）、長興（1717）、微星（2377）、興富發（2542）、大車隊（2640）、統一超（2912）、穩懋（3105）等。

以上大部分都是當下處於下跌趨勢的股票，並沒有任何推薦的意思，而是要表達當口袋名單夠多時，僅管大盤接近歷史高點，都還是有不受資金青睞的標的。當然市場是聰明的，不受青睞一定有它的理由，只是這個理由是否只是短暫的現象，就要靠投資人自行判斷了。

我的做法是不要期待有人可以預測會跌到哪，也不要去猜哪邊有支撐，只要是到自己可以接受的價位，就分批向下接，而哪裡是可以接受的價位，有些人用本益比、有些人用殖利率計算，因人而異。

針對離自己成本區近及低於自己成本的個股，即使指數在 1 萬 8,000 點買進，也不會造成心理壓力。也因為持有的檔數較多，即使在 1 萬 8,000 點，仍然有許多個股可以供選擇投入。

關於崩盤這件事，沒有人可以精準預測，我的做法是，隨時做好準備，每一次買股票前都要考量這次交易的風險，但不去猜測何時會崩盤。

面對疫情、戰爭危機，仍能安心抱股

在存股的過程中，每一次的波段大跌或修正都是一個期中考試，考驗自己的心境變化，自己從一開始的恐慌、焦慮，擔心不賣光股票會讓自己掉到無止盡的深淵，因為

市場上往往在連續下跌的過程中，持續傳出源源不絕的壞消息。

接著心境進入到第二個階段，自己變得矯枉過正，覺得一切的崩盤都是暫時的，反正就是一直買，過度樂觀的結果，容易讓自己可用的資金在下跌前期就花光了。

最後，自己就是以平常心看待，不害怕下跌，但謹慎的面對。股票市場不可能只漲不跌，在長期持有的過程中，勢必就是會經歷無數次漲漲跌跌，偶爾 10％ 或 20％ 的修正，自己也認為是常態，**很少人可以永遠處於順風狀態，企業也是，而投資人該做的就是相信好公司的團隊會往對的方向進前。**

讓自己可以平常心看待大跌的主要原因還有一個，就是降低自己持股的波動率，這可以靠分散持有不同產業標的與配置債券 ETF 來達成。

當重押少數幾檔股票，整體的波動率就會相對大，若風險承受能力較不足的投資人，很容易受不了心理壓力而

砍在阿呆谷*。

台股在 2022 年 1 月 4 日收盤創歷史新高 18,526 點，後續經歷聯準會（Fed）利率政策的不確定性、俄烏戰爭爆發與通膨危機等因素開始向下修正，也不確定是不是就是這些因素，反正市場在跌，總可以找到一堆跌的理由。

2022 年 3 月 8 日，大盤指數來到波段低點，收盤 16,825 點，整體的跌幅為 9.18%（〔18526-16,825〕/18,526 x 100％），而自己的投資績效從 31% 來到了 24.74%，縮水了 6.26%，當資產回跌的越少，某種程度上而言，就越能堅定自己的信心，越來平常心面對每一次的修正。

---

* 戲稱原本是怕股價一直下跌而賣股，沒想到卻賣在股價低點。

22 時間很「寶貴」，如何增值？

　　上天是很公平的，每個人一天都只有 24 個小時，對於一般上班族而言，上班、通勤、睡眠，就耗費一天中 70 ％以上的時間，再扣除吃飯、洗澡與家庭時間等，實際上可以專心做自己想做的事，可能剩不到 10 ％的時間（約 2 個小時）。

　　在有限的時間裡，如何分配與規劃時間就顯得很重要。我並不反對每天分配一些時間在放空、看電視或玩手遊等娛樂上，畢竟對有些人來說，這是放鬆休息與充電的一種方式，若是在一天忙碌的上班後，連放鬆的機會都沒有，那就太殘忍了，休息是為了走更長的路。

　　每個人的時間都很「寶貴」，那「寶貴」的意思是什麼呢？是否能為「寶貴」下定義？我認為，單純以主動收

入的角度而言，一小時的工資、一個月的薪資、一年的年收，可以看作是將「寶貴」量化。

大部分的上班族，每天都花很多時間在工作，甚至是回家後還要工作，目的就是賺取薪資，為了能維持一定水準的生活。「財務自由」對小資族家庭來說，其實幾乎是遙不可及的夢想，雖然看似遙不可及，但千萬不要因此放棄自己追求目標的權力。

即使短時間沒有機會，透過正確的投資，長期來看並非完全不可能，只要肯開始，一切都有可能。理想的狀況，退休前要達到財務自由，讓自己能養活自己，現金流供應無虞，但財務自由的終點卻不是退休，而是能自己對自己的時間有更多的掌握與選擇。

因此上班的本業與投資理財同等重要，都需要長期的經營，雖然上班的本業占了我們大部分的時間，但我仍建議上班族還是要能定期花時間與心力，學習財商知識與了解投資觀念。可以透過瀏覽文章、閱讀書籍或是觀看影音等方式，雖然這些都跟本業無關，但卻與個人一生中的財

富息息相關。

有足夠的財商，就會更能理解投資理財的重要性，並且能做好資金控管，不會浪費辛苦主動收入賺到的錢，並可以將資金放大，進一步讓錢為自己再賺錢。此外，對於一些常見的詐騙，例如宣稱「穩賺不賠」或「快速獲利致富」等不合理的報酬，或是號稱「飆股簡訊」或是加入 Line 群組報明牌等手法，就不可能會上當。

讓時間變得越來越有價值，最好的方式是就是投資自己，除了專注本業，以股息作為被動收入的角度來看，買入多間好公司並長期持有，等於是有成千上萬名員工，用他們寶貴的時間來幫自己賺錢，當持有的股份越多，就能得到越多的回報，當股東就是這麼迷人。

也正因一天的工作時間就這麼多，雖然主動收入可以隨著經驗與貢獻度成長，但卻不可能無限膨脹，但被動收入卻可以，當被動收入越多，自己每天的時間也變的越來越有「價值」。

每個人都應該靠投資為自己加薪

在自己開始進行存股或長期投資的第 2 年，配合分散持股，雖然獲利很平凡，但已經漸漸遠離大賠的散戶宿命，所以我很樂意跟身邊的朋友分享自己的模式，希望他們也能即早開始投資累積退休的能量，並且藉此有機會，在未來提升生活品質。

而朋友中，聽完我的分享後，大概分成三種類型：

1. 有投資經驗，但缺乏耐心

每當自己保守的對朋友們說：「10 年後，就有機會有顯著的獲利。」大部分的人一聽到十年，都是興趣缺缺，彷彿看到初入股市的自己，十年？別開玩笑了，要這麼久才能賺到錢，存股這方式，應該是股票投資策略中的下下策吧？

現在想起來，存股的確是自己投資股票後，走頭無路的做法，但卻也開啟了我漸漸穩定獲利的大門。

自己時常在想，能實踐存股的投資人，應該有 90% 以上都是曾經受過市場摧殘的人，是不是唯有這樣，才能徹底領悟，市場上存在的風險與不確定因素，比我們想的還要多，能透過閱讀或對談等方式，學習前輩的經驗，就有機會讓自己在初入股市時，少繳一些學費，是很值得的一件事。

2. 對進入市場，極度恐慌的人

或許是從小耳濡目染聽長輩提到股市有多危險，又或許是就業後，看過太多投資失敗的案例，選擇寧願持有現金或定存，抱持著只要不進入股票市場，就不會賠錢的保本做法。

但存款就算帳面上的金額不會減少，通膨卻會讓現金越來越不值錢。相信 2021 年大部分的人都可以感受到物價上漲充斥在生活的食衣住行中，雖然 2022 年即將升息，但長期來看，投資股票的報酬率遠比定存來的高。

當我們每天辛苦上班賺錢時，是否有想過，可以讓躺

在銀行裡的錢，也去賺錢嗎？把現金轉換成股票並長期持有，公司賺錢配發股利，就是所謂的被動收入，我們不需要是員工，只要是股東，就可以與公司共享獲利的喜悅，是不是很動人？

3. 月光族

月光族賺多少花多少，把活在當下、即時行樂掛在嘴邊，沒有規劃用來投資的資金，消費也不管控是「必要」或是「想要」，反正花光了，就等下個月的薪水進來。

這樣的生活方式，現在或許還可以過得風光體面，但當主動收入不可預期的遭到中斷或是大幅減少時，例如 2020 年 3 月爆發的新冠肺炎疫情，若是沒有存款或存股，生活將受到很嚴重的影響。

雖然我也算是個月光族，但在固定支出的項目中，已有規劃必須投資的金額。這個金額可以依個人或家庭的收入與支出而定。訂定後，就要想辦法每個月都達到目標，藉此累積自己的資產。

23 再忙，也別忘了投資

　　自己一開始是抱著想要暴賺，進來市場海撈一筆的心態接觸股市，慶幸在還沒從股市畢業前，就不斷修正找到適合自己的方式，投資的方法有很多種，也是一項耐力賽，個人認為要長期的堅持下去必須了解幾個重點：

1. 每個人都要有夢想

　　在電影《功夫》的台詞中：「人如果沒有了夢想，那跟鹹魚有什麼區別？」每個人的夢想或大或小都不相同，但我相信，很少人的夢想是做現在的工作，直到走不動。一旦如果沒了主動收入，那拿什麼來支撐自己的夢想呢？基於這個理由，就算現在的工作再忙碌，都應該要抽出時間投資。

2. 選擇沒有壓力的投資方式

　　若有壓力的做一件事，一定無法撐幾天、幾個月，更別說幾年以上了。若覺得選股很難，那就直接買 ETF；若覺得投很多錢壓力很大，那麼先少少量的投入；若覺得擇時買進有困擾，那就定期定額。總之，就是先選最簡單的方式，讓自己可以接受的方式進入市場，久了若有其他想法，再慢慢調整。

3. 找到自己認同的標的

　　若是聽別人報牌，就算是看對，也不會有成就感，成就感對於每個人心態的鼓勵是相當大的。

4. 相信自己可以從中賺到錢

　　這很重要，老實說會賺錢的東西，大家都會有興趣，若一開始就覺得股市如虎口，就會連進場的欲望都沒有，一直當個局外人。

　　但也不能把「從中賺到錢」誤解成「輕易賺到錢」，天下永遠沒有白吃的午餐，必須先將心態調整好，一開始

的摸索與撞牆期難免都的遇到，但千萬別被市場嚇跑。當然時間久了，漸漸從市場中獲利，就會產生一種正向循環，激發出更多的熱情。

5. 工作是生活的一部分，投資也是

許多人覺得工作是不得不的事，但其實在通膨的大環境下，投資亦是如此，資產會變得保值，會變的越來越貴，而貨幣不會。

長期投資股市，也不忘投資生活

自從有了盤中零股交易，小額也很方便交易，因此也容易投入市場，讓自己的現金持有比例越來越低。雖然存股就是要不斷的投入本金，但過與不及都不好。

「太過」是指，將身上的資金投入過了頭，讓自己在生活上成了錙銖必較的人，那就有點本末倒置；「不及」指的是，投入幾萬或幾十萬的資金後，就害怕崩盤而不再

持續性的買入股票，這樣即使獲得高報酬，也無法得到高的實值獲利。

投資是為了讓自己與家人過上更好的生活，但不用很豪華，更不需要奢侈，適時的帶家人吃頓大餐、適時送小孩禮物或是來趟輕旅行，都是生活中的一部分。

日常生活也是一種投資，例如投資在可以幫助節省時間的家電，像是添購烘衣機或洗碗機等，對夫妻而言，都可賺到做這些家事的時間，讓家電成為節省時間的小幫手，特別是對於有小小孩的家庭，時間更是彌足珍貴。

雖然我也同意延遲享樂這個做法，但必須在不影響日常生活品質的條件下，才可進行。若是將所有資金都投入存股，導致當前生活品質下降，那就真的得不償失了。

想著靠存股十年來改善生活固然重要，但活在當下，也是必須重視的事。

結語
寧可當股市倖存者，也不要被淘汰

　　「每個投資高手都可能只是股市中的倖存者」也就是說，在這些高手背後，有更多的投資人，其實是大幅虧損的，只是這些人不被注意。

　　我不否認這個說法，而且每個人的行為、思考邏輯、生長環境、價值觀、心理素質、可承受的風險程度與當下的時空背景等，有太多因素不一樣，所以要完全複製一位成功的倖存者模型，並不容易。

　　但換個角度想，是否有方式可以提升勝率，加入倖存者行列呢？我覺得先將投資的「心態」調整好，控管風險，並從每一次的交易中做好當倖存者的準備，例如：不追高、不重押、長期持有等。

　　當哪天股災來臨，那些平時已做好心理準備的投資人，就不會恐慌、害怕，反而能默默地分批買進股票，因而有機會成為每一次股災的倖存者。

　　股災中買進股票的人，也有可能是低檔全押的投機者，但我相信更多的倖存者會是「心態」成熟的投資人。

　　「人棄我取」、「市場越恐慌越是買股票的好時機」這些觀念大家都懂，但若非心態夠成熟，實際上遇到大的跌幅，都很難克服市場上帶來的恐慌氣氛。例如 2021 年 5 月 12 日因國內疫情升溫，造成台股大盤指數盤中下跌 1,417 點，若非長期投資人，很難當下不砍股票，當天代表散戶動向的融資交易 * 就減少了 129 億元。

　　2021 年 5 月 11 日～ 5 月 17 日的 5 個交易日中，大盤指數從 17,285 點跌到 15,353 點，修正了 1,932 點，約 11％，但融資總共減少 558.8 億元。相信有不少散戶投資人，不管是自動停損或是被迫斷頭，都在這場災難中受了重傷。

　　當時大盤指數跌到 15,353 點，現在回過頭看，到 2021 年底，都是回不去的低點，也就是說，遇到股災但心

---

* 融資交易意指借錢買股票，因此很多市場老手都說「融資融券」代表散戶動向。

態還沒有準備好的投資人，就很容易在遇到時，賣在相對低點。

複雜的是心態，不是持股數量

「投資不必太複雜，簡單就好」自己也同意這個做法，但有朋友跟我說：「你哪有覺得簡單就好，你買了那麼多檔，明明就搞得很複雜。」我認為，使投資變複雜的，不在於買幾檔股票，而在於操作的方式與持有的心態。

當持有股票的心態是長期投資、買進後等著領股息，如此一來，買 10 檔與買 100 檔，其實差異不大，都是每季了解個股的獲利狀況。

在心態方面，覺得持有個股數量多就很複雜的人，往往是因為太關心股價的變化，太在意短線的漲跌，漲個三天就想著要不要停利或加碼；跌個兩天就想著要不要停損或攤平；漲停或跌停時，就開始上網搜尋各種利多或利空

消息。若是抱持這樣的心態，別說 10 檔，或許 5 檔就會覺得吃力。

在操作方面，屬於短線進出者，當然也不適合「顧」太多檔股票，大部分的投資人，短線交易都會參考一些依據，例如各種技術指標或籌碼變化，對我而言，其實這樣才是複雜的投資。

時刻做足準備，當買在低點的幸運兒

投資不能只靠運氣，但若有運氣的幫忙，也可以提升自己的投資效率，很多人可能會覺得運氣一事很難說，但有句話說：「機會是留給準備好的人。」我認為運氣也是留給準備好的人。

買在最低點，是可遇不可求、不切實際的，但買在相對低點卻不是那麼遙不可及，事後看來，一次、兩次買在相對低點可以說是運氣好，但三次、四次、五次以上呢？除了運氣，或許是技術操作很厲害（但技術操作不在本書

討論的範圍），又或許是靠著一種堅定的信念。

心態已準備好長期投資的人，遇到恐慌性賣壓，不僅不會非理性的出售，反而能判斷出是分批進場的好機會。

我們不需要去猜測何時會崩跌、預先將股票轉換成現金，等到真正崩盤的時候再進場，很多時候，等待的時間成本與代價會比你想像中的還要高。

看著好公司不停地上漲，滿手現金等待大盤指數崩盤到 8,000 點再進場的人，從 2020 年 3 月最低 8,523 點到 2022 年初 18,600 點，一等就是 2 年，看著周遭存股族的資產成長，無疑是一種懲罰。

不管大盤是 8,000 點還是 18,000 點，時時刻刻注意風險，分散投資，照著自己的步調走即可。當黑天鵝來臨、市場上充滿著悲觀消息時，自己是不是準備好，當那個可以買在相對低點的幸運者。

然而在同樣「運氣好」、買在相對低點的條件下，持有滿手現金等待崩盤的投資人與存股族的差別是，自己在

尚未建立長期持有的心態時，就算買在低點，只要反彈漲回 10％ 左右甚至更少的報酬，就會很開心的賣光手上的籌碼，而賣光後，就只能眼睜睜看著股價上漲。當時買在低點的運氣，卻未能有相對應的獲利。

專注本業，累積投入資本

投資越早開始越好，那起步晚的人就注定輸在起跑點嗎？其實不然，複利這件事的確是時間占了優勢，但投資要獲利只有時間是不夠的。

大部分的上班族，隨著年紀的成長與上班經驗的累積，經過社會的歷練，會讓一個人的想法更成熟穩重，創造現金流的能力也隨著提高，對於金錢觀與價值觀也會漸漸改變。

心態更成熟與每個月可以投入的金額越多，這就是另外一種優勢。以自己為例，當還在讀研究所時，雖然不會亂花錢，但也完全不會想到要「投資理財」，或許是還在

校園的關係，對賺錢這件事並不是那麼積極。

當時的金錢來源就是當助教及靠父親資助，當每個月有多餘的錢，就活存在銀行裡，出社會後，到業界上班才了解，原來賺錢是一件不容易的事，有上班才有錢，早上鬧鐘響，不管再冷、昨晚再晚睡都要爬起床。

主動收入需要工作、付出勞力才能獲得，但被動收入卻可以不用工作，只要不斷累積股票資產並長期持有，不僅可以獲得財富，還可以獲得更多寶貴的時間。

大部分投資人最終的目標都是財務自由，可以自己掌握自己人生，時間不再被綁架，但這並不是投資三、五年就可完成的目標，過程中，除了努力還是努力。

並不是努力研究股票，而是努力專注本業，因為積極的投入資本，往往能比積極的操作帶來更多的獲利。

所以上班族在訂下自己每年股票市值要增加多少百分比之前，應該先追求，自己每年本業收入增加多少百分比。在投資前期，期待股票資產市值的增加，應當朝向自

身投入資產的累積，而不是股票市值的增幅。

例如第一年投入的本金為 20 萬元，獲得高水準的 10％報酬，就可以獲利 2 萬元，一年後整體資產為 22 萬元。而日常生活上，不論是靠著減少不必要的支出或提升自己的本業薪資，每個月若能多擠出 1,700 元的本金，一年後的總資產就可以超過 10％報酬的獲利（1,700×12=20,400）。

接著就是訂一個自己期望每年資產成長的百分比或是實際數字，透過持續投入與投資獲利，然後努力達到。

但存股的路上，大盤並非一路多頭順遂，不要為了達到目標而產生壓力，反而走向看似可以更快獲利的短線操作，事後回過頭來看，都是走在繞遠路。

只要堅定的持續持有好標的即可。我的目標是股票的市值（含投入＋獲利）能每年至少 10％以上的增加，當然若有機會也不排除加入房屋資產的配置。

不為自己設限，把投資當興趣

基於不追高、分散風險與長期持有的前提下，我買股票算是比較「隨性」的，如同自己喜歡吃藏壽司（2754），就萌生想要當它股東的念頭。

藏壽司因受新冠肺炎疫情影響，2021 年的第二季與第三季都是虧損的狀態，但每次消費都要訂位兼排隊，為了心裡可以平衡一些，還是忍不住當個小小股東。

另一個例子是，因為想要領中鋼（2002）的紀念品，於是就買了一張中鋼。在投入的金額占總投資金額很小的情況下，控制好風險，想做就做吧。當然，如果虧錢的話還是要自己承擔。

與其一直反覆的內心交戰，心裡想買，但又覺得不符合選股邏輯不能買，不如找個自己可以接受的價位，小小量的長期持有。投資對自己而言是一種興趣、一種樂趣也是生活的一部分，不需要太過死板。

在心態調整正確後，只要照著自己的心走就好，當然

這種「非正統」的買法，只能占投資組合的極小部分。

回顧自己一路走來，從一直賠錢到累積至一定的資產、有穩定的被動收入過程中，做了幾項改變：

離開安逸的生活

對於剛入職場的社會新鮮人，面對任何一項工作，在初期都是有許多要學習的地方，畢竟校園生活跟企業生活還是有一段落差。

上班的過程中，我盡力吸收新知並拓展未知的領域，直到某一天，發覺日常工作已不再具備挑戰性，生活也過的越來越安逸，一開始其實自己是很沾沾自喜的過著這種舒適的日子，但隨著日子一天天過去，發現自己在這個環境中已不再進步，又或許說沒有進步的動力。

此時「生於憂患，死於安樂」這句話點醒了我，那年的我 33 歲，我可以選擇繼續守在安逸的環境下偷閒，也可以轉換到另一個未知的環境，學習新事物並提升自我價值，最後我選擇了後者，轉換跑道。

也因為當初的選擇，今年我 37 歲，本業收入約有 50
％的成長，對於自己在投資的路上，有很大的幫助。

心態的調整

從一心想靠股票一夕致富，一路跌跌撞撞，到最後
了解一夕致富只是天方夜談，於是從投機心態變成投資心
態；從短線操作變成長期持有；從懷疑股票是否能賺錢到
堅定的存股信念。

會賺錢不是因為學會很厲害的技術分析，而是變得更
有耐心。心態對了，其實就已經是邁向獲利的一大步，接
著再考量細節，例如建立自己的選股邏輯與買入時機等。

適度使用槓桿

使用槓桿並非不可行，但每個人的個性不同，並不適
合所有人。例如有些人不知停損、易受情緒影響，這樣的
情況下，容易走向虧損、負債的結局。

使用槓桿操作，也必須要在許多因素滿足的前提下，

例如負債比低、借貸利率低、借貸期間長與具備穩定的現金流等，控管好風險才不會將整個人生都賠掉。

建議長期在市場中有獲利的投資人，才考慮使用槓桿。對我而言，適度的使用槓桿存股算是保守與積極並重，對於上市櫃公司的員工，可以申請到相對低利率信貸的優勢，利率絕對是是否貸款的首要評估指標。

股票投資在買進前，可以很科學的透過財報數字來判斷一間公司過去的成績，**但在持有的過程中，更像是一門哲學，對於何時該加碼或停損，往往都只有參考答案，而沒有標準答案，因很多時候答案可能隨著時間而改變。**只要保持成熟的心態並建立出屬於自己的選股邏輯，適時的配合市場變化而微調整加減碼的節奏，持續不間斷的投入熱情與資金，期許十年後，大家都能夠擁有心中理想的被動收入數字。

翻轉學系列 084

自組 ETF，讓我股利翻倍的存股法

忙碌理科工程師打造屬於自己的 ETF，月領 4 萬被動收入

作　　　　者	吳宜勳（老吳）
封 面 設 計	FE 工作室
內 文 排 版	黃雅芬
責 任 編 輯	袁于善
行 銷 企 劃	陳豫萱
出版二部總編輯	林俊安

出 版 者	采實文化事業股份有限公司
業 務 發 行	張世明・林踏欣・林坤蓉・王貞玉
國 際 版 權	林冠妤・鄒欣穎
印 務 採 購	曾玉霞
會 計 行 政	王雅蕙・李韶婉・簡佩鈺
法 律 顧 問	第一國際法律事務所　余淑杏律師
電 子 信 箱	acme@acmebook.com.tw
采 實 官 網	www.acmebook.com.tw
采 實 臉 書	www.facebook.com/acmebook01

I S B N	978-986-507-800-3
定　　　價	360 元
初 版 一 刷	2022 年 5 月
劃 撥 帳 號	50148859
劃 撥 戶 名	采實文化事業股份有限公司
	104 台北市中山區南京東路二段 95 號 9 樓
	電話：(02)2511-9798　傳真：(02)2571-3298

國家圖書館出版品預行編目資料

自組 ETF，讓我股利翻倍的存股法：忙碌理科工程師打造屬於自己的 ETF，
月領 4 萬被動收入/吳宜勳（老吳）著 . – 台北市：采實文化，2022.5
240 面；14.8×21 公分 . -- （翻轉學系列；84）
ISBN 978-986-507-800-3（平裝）
1.CST: 基金 2.CST: 投資
563.5　　　　　　　　　　　　　　　　　　　　111003444

翻轉學

翻轉學

翻轉學

翻轉學